ANTONIO D'AMBROSIO

SUCCEDE ANCHE AI MIGLIORI!

Tecniche e Strategie Pratiche Per Sviluppare Un Business Di Successo, Aumentando Il Fatturato e Migliorando La Produttività Aziendale

Titolo

"SUCCEDE ANCHE AI MIGLIORI!"

Autore

Antonio D'Ambrosio

Editore

Bruno Editore

Sito internet

http://www.brunoeditore.it

Sommario

Introduzione   pag. 5

Struttura del libro   pag. 19

Chi sono, come Business Coach   pag. 24

Cap. 1: Le 10 Top Skills da avere nel business   pag. 41

Cap. 2: L'intelligenza emotiva come leadership   pag. 76

Cap. 3: Livelli logici applicati alle aziende   pag. 92

Cap. 4: Prima parte: il marketing per ogni azienda   pag. 118

Cap. 5: Seconda parte: il marketing per ogni azienda pag. 148

Cap. 6: Le 7 cause del fallimento aziendale   pag. 179

Cap. 7: Le caratteristiche di un leader di successo   pag. 195

Case History di Successo   pag. 209

Conclusione e Ringraziamenti   pag. 222

Bonus Speciale per te   pag. 226

*A mio figlio Manuel, che c'è sempre stato
anche quando non c'era ancora.
Ha trasformato il buio attorno a me in luce.*

Introduzione

Come cambierebbe la tua vita, e non solo dal punto di vista imprenditoriale, se aumentassi il fatturato del 68% nell'anno in corso rispetto a quello precedente? E, se risparmiassi 80.000 € in 10 mesi sugli straordinari dei tuoi dipendenti? E ancora... se riducessi il tempo di consegna delle commesse da 60 giorni a "Prime"?

Interessante, vero? Ma non solo: tutto ciò è possibile. È realmente fattibile. Certo, non usando la bacchetta magica, né dall'oggi al domani, ma adottando una "nuova" mentalità. Semplice a dirsi, ma ti assicuro che è altrettanto realizzabile a farsi: difatti, anche tu puoi migliorare, creare e introdurre delle strategie così efficaci che ti permetteranno di concretizzare tangibili risultati, tra cui quelli prima descritti.

Non sono nient'altro che una parte di quanto ha ottenuto i miei clienti attraverso un approccio, appunto, di un'impostazione aziendale ottimizzata, potenziata e revisionata secondo standard più elevati.

"Come hanno fatto?" In primis, con la presa di consapevolezza della situazione e poi mettendosi in gioco: dopo aver fatto una fotografia di dove erano, hanno potuto capire dove stavano sbagliando e intervenire al fine di risanare dove fosse necessario, introducendo nuovi "modi di fare" e di agire. Tutto questo è stato realizzato perché si sono avvalsi della possibilità di farsi supportare da un *"Business Coach"*.

Una figura esterna è importante e spesso necessaria perché riesce ad avere una visione "oggettiva" della situazione. Un *Business Coach* è quella figura in grado di osservare la scacchiera dall'esterno. Percepisce come sono posizionate tutte le pedine, intravede i margini di miglioramento e, soprattutto, ha una visione nitida rispetto a quello che potranno essere le mosse degli avversari, e di conseguenza, come "prepararsi" al gioco.

A volte, l'imprenditore è talmente tanto sopraffatto dai problemi aziendali che perde di vista, oppure semplicemente sottovaluta, l'attenzione su alcuni aspetti: cura dei dipendenti o dell'ambiente lavorativo, il "come" si arriva al fatturato previsto, i clienti (come fidelizzarli o crearne di nuovi), ecc.

Le attività sono davvero molteplici e tenerle monitorate costantemente e tutte assieme risulta a volte complicato, anzi impossibile. È in questo frangente che subentra l'intervento del *Business Coach.* "Ma di chi si tratta?". È quella persona che viene interpellata da titolari d'azienda e manager, in particolar modo medio grandi, che sentono l'esigenza di apportare delle migliorie, partendo proprio dalla "cultura aziendale".

Di solito, si intraprende un rapporto che prevede una durata a medio-lungo termine, in cui si determinano degli interventi di consolidamento delle potenzialità e/o ristrutturazione delle criticità, in funzione degli obiettivi stabiliti.

È la figura professionale esterna che, non essendo influenzata dal contesto aziendale, riesce ad analizzare e comprendere con più obiettività le aree da migliorare, a far emergere talenti e capacità, applicare e introdurre strategie volte a incrementare le diverse performance. Il *Business Coach,* quindi, aiuta a intervenire in tutti i livelli della struttura e gestione aziendale, sia dal punto di vista individuale che collettivo.

Attraverso tecniche e strumenti di *coaching,* del *marketing* e del *business* in generale, prevede lo sviluppo di tutte le risorse aziendali, il perfezionamento della comunicazione e dei rapporti interpersonali tra le persone impiegate in azienda (definendo la reale leadership), il superamento delle problematiche, degli ostacoli e dei conflitti e, infine, anche individuare nuovi mercati e opportunità per l'impresa stessa. Difatti, le diverse criticità in cui incappo regolarmente sono dovute a:

- carenza di alcune delle *competenze* aziendali;
- una mancata previsione di espansione internazionale, limitando le vendite;
- rapporti tra le diverse parti basati su *livelli di comunicazione* differenti;
- scelta di un *Business Coach* non sufficientemente preparato. Oggigiorno esistono *"coach"* per ogni attività (finanche per la cura dei capelli) che una volta partecipato ad un corso in un

week-end si enunciano tali. Bisogna saper distinguere se sono "consulenti da aula" oppure reali imprenditori, con esperienza applicata alle proprie spalle. Già, perché un conto è ripetere a pappagallo le slide, un altro è aver vissuto in prima persona le crisi, le vittorie, gli ostacoli e la vita lavorativa nella sua interezza. Non puoi essere un vero *coach* e far applicare le metodologie se non hai mai messo tu per primo le mani in pasta, fatto pratica sia su aziende di altri che in tue stesse attività. La formazione non l'ha inventata nessuno: le nozioni sono uguali per tutti. Il mondo ne è pieno, non esistono i "segreti". Quello che fa la differenza è chi è in grado di concretizzarle e chi ha provato e riprovato sulla sua stessa pelle. Si pensi, a riprova di ciò, che personalmente, il "certificato", il fatidico diploma mai nessuno me lo ha chiesto;

- passaggio generazionale errato: si fa ancora tutto nella "vecchia maniera". I figli che hanno ereditato o affiancano i genitori sono "costretti" a utilizzare lo stesso *modus operandi* che, sì poteva andar bene 20 anni fa, ma non è più adeguato ai giorni nostri. Il mondo è cambiato, lo sappiamo tutti: dopo 5 anni, o anche solo dopo appena un anno, un'applicazione è già vecchia, un sito diventa obsoleto, i programmi vengono sostituiti da versioni più recenti. La tecnologia, gli *strumenti di marketing* e i supporti corrono all'impazzata. Stargli dietro è difficile, ma diventa necessario "adattarsi"; in tutto e per tutto è impossibile, ma fattibile almeno in parte. Ad esempio: ci sono aziende che hanno ancora un sito web incentrato sul "capannone" e sui "servizi offerti". Chiaramente sono elementi essenziali da far evincere, ma non i principali. È indispensabile, invece, far capire cosa si offre di valore per i potenziali clienti, i benefici che avranno, l'elemento differenziante che contraddistingue; creare quei processi, promozioni e comunicazioni continuative per farli "innamorare" e fidelizzarli nel tempo, ecc.;

- non curare o sottovalutare le esigenze dei clienti, della squadra e dei lavoratori di tutta la filiera produttiva;
- affidarsi al commercialista per le decisioni operative. Il ruolo del commercialista è fondamentale per una società: è l'operatore dei numeri, ma a volte capita che non tutti siano dei "puri" imprenditori. Oltre alle colonne del bilancio, non sanno affiancare i manager o i titolari nelle scelte perché non sono consapevoli delle dinamiche interne, di quello che succede giornalmente nelle mura aziendali. Le valutazioni dovrebbero

essere fatte, ad esempio, anche in base all'andamento del mercato. Il commercialista non ha sempre una visione d'insieme, rispetto ad un *Business Coach* che, come ho già scritto, ce l'ha a 360 gradi, in quanto applica metodologie che fanno combaciare materie sul *coaching, business* e *marketing;*

- avere il *focus* solo sul fatturato, perdendo di vista altri fattori, come ad esempio, i costi e/o il modo in cui ci si arriva. Aumentare il fatturato non significa guadagnare di più, bisogna avere sotto controllo il margine e capire le dinamiche di com'è stato realizzato.

Lascia che ti racconti a tal proposito una storia. In un suo libro Covey racconta un episodio molto esemplificativo: un uomo sta camminando nel bosco quando incontra un boscaiolo intento a segare un albero. Lo vede molto affaticato. Lavora da 5 ore e ha molta fretta di finire il lavoro. L'uomo nota che la lama non taglia bene e lo fa notare al boscaiolo, suggerendogli di fermarsi ad affilare la lama della sua sega.

Molto stizzito risponde: "Non si rende conto che ho fretta? Non ho tempo di fermarmi per affilare la lama: devo abbattere questo albero al più presto". Cosa ci vuol dire Covey con questo? Che non basta la volontà e l'impegno per essere efficienti, ma è necessario avere gli strumenti più adatti per fare bene il proprio lavoro, e non solo: non si può pensare che, una volta dotatisi degli "attrezzi" giusti, poi non si debba provvedere a mantenerli efficaci, "affilando la lama", per di più, regolarmente.

Per strumenti non intendo solo gli oggetti e/o le cose materiali, ma anche e soprattutto lo sviluppo delle capacità e delle competenze, che vanno continuamente implementate, aggiornate e infine, non di certo per importanza, delle persone e dei collaboratori "giusti", allineati alle ideologie aziendali.

Quindi, è necessario fare una diagnosi completa di consapevolezza di com'è effettivamente l'impresa, capire il quadro esatto di quello che succede, di come sta operando, della comunicazione sia interna che esterna, degli obiettivi se sono stati formulati in una maniera consona, se si stanno sfruttando tutte le potenzialità o se bisogna implementare alcune aree di lavoro, e così via.

L'arbitro esterno alla scacchiera nota tutto il sistema in modo completamente diverso, o meglio dire, oggettivo, rispetto ai giocatori che sono dentro al gioco. "Diverso" non vuol dire necessariamente né migliore né peggiore. Significa avere una visione imparziale. Il *Business Coach* è esperto dal punto di vista dei flussi del denaro, ma tiene regolarmente il suo occhio vigile anche su tutti gli altri aspetti, sia tecnicamente sulla gestione dell'impresa, che altresì sulla parte integrante emotiva di tutto il personale, nonché dell'imprenditore e dei manager.

Difatti, bisogna tenere conto anche della qualità della vita dell'imprenditore: trovare un giusto equilibrio tra il lavoro e le altre aree è indispensabile. Di solito, non applica una scissione netta tra il privato e l'azienda, tanto è vero che tutte le imprese sono lo specchio perfetto che riflette in toto la propria vita.

Chi sei, come vivi, che valori hai, le tue priorità, i tuoi scopi e ambizioni, vengono trasferiti pari pari nella quotidianità lavorativa. Di riflesso, in base a quanto trasformi te stesso con un percorso di crescita personale, di conseguenza, anche l'azienda vive la medesima evoluzione. Quindi, intervenendo sulla persona principe e sui collaboratori partecipanti, si assisterà a una notevole e duratura metamorfosi, sempre in meglio. L'imprenditore che migliora dal punto di vista di gestione di se stesso, affinerà sempre di più il metodo di condotta e le direttive all'interno dell'attività e, come piacevole esito, verrà premiato anche dal punto di vista economico.

"Il denaro non è altro che l'applauso silenzioso per un lavoro ben fatto." Cit. Alfio Bardolla.

Chi si rivolge a me è perché sente il bisogno di aumentare il fatturato, incrementare la produttività, ottimizzare e verificare gli investimenti, capire i motivi delle molteplici incomprensioni interne, anche dopo una crisi particolare dovuta a insoluti sostanziosi per riprendersi finanziariamente. Ancora, hanno problemi costanti nei ritardi delle consegne, nella gestione dei prezzi oppure vivono conflitti costanti con fornitori e dipendenti.

Succede anche che l'imprenditore senta la profonda esigenza di voler dare una svolta radicale alla propria vita, dopo esser giunto a un'età "avanzata" e ha fatto, inesorabilmente, un bilancio di se stesso: lavora 15 ore al giorno, non vede mai i suoi figli, il rapporto con la compagna non è più sublime come un tempo, oppure, ha mandato in frantumi la famiglia a causa della sua perenne assenza.

Non cura il suo corpo, tiene le distanze da hobby e amici. Si dedica frettolosamente o grossolanamente a tutto quanto concerne al di fuori dell'azienda, proprio perché deve rincorrere di continuo i doveri lavorativi.

A volte, purtroppo, succede che improvvisamente devono fare i conti con una malattia e capiscono che è troppo tardi per coltivare quei valori più alti e nobili che vanno al di sopra di tutti i beni materiali. Capita che s'identifichi nella sua stessa attività e che non viva un ruolo diverso dal fare il titolare, quando in realtà nella vita dovremmo investire a essere anche altro: un padre, un fidanzato, un amico, uno sportivo e così via, imparando a realizzare una separazione netta tra le diverse figure.

Posso affermare che il mio è un lavoro "invisibile", che porta alla luce quanto c'è di intimo. Non è la formazione in sé a cambiare le persone e a conferirgli il successo, ma il mettersi in gioco, consapevolizzare, capire, testare e osservare se funzionano o meno quelle determinate strategie. La differenza la fa l'umiltà e la predisposizione che hai a voler diventare una persona migliore, proprio rispetto a te stesso e non al mondo esterno.

Acquisire la capacità di trasmetterlo agli altri e fargli mettere in pratica le nuove procedure è il passo successivo. Quando devo fare la fotografia aziendale parlo e m'interfaccio con chiunque faccia parte dell'attività: dal manager agli addetti alle pulizie, dai soci agli operai, senza avere le interferenze di uno nei confronti dell'altro, per poter avere una lettura reale dell'azienda e dei comportamenti che vengono attuati.

Lavorare sulla consapevolezza e trasmettere una visuale dissociata permette d'intervenire laddove è necessario. Ora, prima di dirti com'è strutturato questo libro fammi fare un'ultima disamina a cui tengo particolarmente.

"La crisi non esiste".

Quante volte hai sentito questa frase? Seppur ti sembrerà scontato, è proprio così.

Vedila in questo modo: è semplicemente il mercato che cambia, il tipo di domanda, i gusti delle persone, i metodi di acquisto e le nostre esigenze. Sei tu, che come imprenditore, che si evolve in nome di un progresso incessante e inevitabile, devi "adattarti" al mondo esterno e non il contrario, rimanendo sempre flessibile. La rigidità crea paletti, fermezza di paradigmi che si deteriorano, in virtù della modifica dei nostri stili di vita.

Quante volte abbiamo vissuto contrazioni di denaro, anche molto violente e improvvise? I problemi non nascono mai dai prezzi più bassi, ma dalla mancanza di allineamento al mercato, di una vera differenziazione, di una comunicazione efficace e di strategie innovative.

Le opportunità arrivano proprio quando cambi atteggiamento, come decidi di comportarti e di rimetterti in moto dinnanzi a tutto questo. Non esistono crisi, ma fasi di mercato e il compito prioritario di ogni azienda che voglia fare la differenza per il titolare, i lavoratori e il mondo è conformarsi nel migliore dei modi.

Questa è una tua responsabilità da imprenditore, unica e prioritaria.

Devi avere occhi nuovi per vedere, cogliere e interpretare il mondo che ogni tot anni siamo chiamati a vivere e rivivere. Se ci pensi è una legge del mercato ricorrente, ciclica e che ritorna sempre e, per non essere rasi al suolo, bisogna osservare tempestivamente e, magari, anticipare i tempi per non farsi cogliere impreparati.

Sono consapevole che "parlare" in teoria si fa presto, è facile e sembra un gioco da ragazzi, ma poi passare alla pratica è un'altra cosa: è il motivo per cui ho voluto creare questo libro. Voglio trasmetterti molto di quello che ha già funzionato nelle aziende che ho formato e nelle mie stesse attività che ho svolto negli anni.

Piccoli, ma grandi strumenti che puoi fin da subito, dopo aver chiuso queste pagine, mettere già in pratica e vedere i primi risultati e cambiamenti, sia nella tua vita privata che nella tua azienda. Anni e anni di esperienze vissute ogni giorno dalle decine d'imprenditori che ho seguito nell'ultimo decennio.

Non solo teoria, ma pratica. Fatti, non parole.

Buona lettura.

Struttura del Libro

Ecco com'è composto questo libro: è formato da 6 capitoli, oltre ai ringraziamenti finali, la conclusione e un *Bonus Speciale per Te,* in fondo.

La struttura segue esattamente quello che è l'ordine di come opero, quando vengo commissionato. L'attività di *Business Coach* prevede come prima cosa di fare una diagnosi, ossia la fotografia nel momento in cui "entro" in azienda: valuto a 360 gradi tutta la realtà, nella sua più completa totalità.

Nel *Capitolo 1* ho selezionato le top 10 skills, in base alla mia esperienza ventennale che ogni titolare d'azienda deve possedere assolutamente, ossia quelle abilità richieste dal mercato mondiale, in costante evoluzione, necessarie a performare con altissime prestazioni. Difatti, consiglio sempre ai miei clienti la lettura delle stesse in modo da raggiungere una mentalità idonea a tutti i cambiamenti che avverranno, grazie al lavoro che faremo insieme, sia con il titolare che con tuto il team.

Insieme valutiamo gli obiettivi in base alle risorse presenti o reperibili in futuro (competenze, strumenti materiali, persone e/o collaboratori), per poi definire il piano d'attacco da applicare nei tempi prestabiliti. A seconda di questi, decido se sarà necessario applicare l'allineamento dei livelli logici, oppure dedicarsi al solo marketing.

Nessuna delle due strategie si escludono a vicenda, oppure capita che se ne usi una più approfondita rispetto all'altra. È una scelta di cosa e quanto attuare, fatta mettendo in campo tutte le componenti: dove sono, dove vogliono arrivare, budget, disponibilità, risorse, ecc.

Dopo aver trovato la strategia giusta e la presa di consapevolezza, si inizia a lavorare insieme, con un affiancamento intenso, che va dai sei mesi ai due anni, tenendo sempre a mente la rotta. "Finito" questo, potranno seguire consulenze "a spot".

Il *Business Coach* fa applicare i migliori strumenti da lui selezionati e affianca per guidare a prendere le migliori decisioni. Non fa un'attività di formazione, in cui trasferisco le informazioni, come ad esempio in un corso aziendale o un webinar. Con il *coaching* si applicano in forma concreta, le azioni.

Nel *Capitolo 2,* ho ritenuto necessario affrontare anche cos'è l'intelligenza emotiva: un'altra pietra miliare per determinare la leadership, sia di se stessi che degli altri. È la capacità di gestire e di guidare sentimenti ed emozioni propri e altrui. Saperlo fare a fronte di emozioni che si provano dinnanzi un episodio nuovo, un'evenienza o una situazione, è possibile ed è un obiettivo importante da porsi.

Nel *Capitolo 3,* ho descritto quali sono i livelli logici di pensiero applicati nel contesto aziendale, grazie ai quali è possibile risolvere problematiche in ogni settore, e raggiungere i traguardi preposti grazie a miglioramento e decisioni correttive impattanti.

Nei *Capitoli 4* e *5,* ho fatto un breve elenco, non di certo esaustivo, ma di certo fondamentale, delle azioni basilari che ogni azienda, libero professionista o imprenditore deve assolutamente adottare o migliorare nel suo piano marketing. Ho inserito, in parte, dei segreti principali e strategie importanti da tenere sempre sul comodino, a portata di mano, appresi da Frank Merenda e Jay Abraham. Alcuni li ho riportati in maniera fedele, altri li ho integrati con la mia esperienza e pensieri sugli stessi.

Nella prima parte, il *Capitolo 4,* ci sono le caratteristiche che ogni imprenditore deve acquisire in merito alla sua mentalità nell'approcciare qualunque tipo di azienda. Nella seconda, il *Capitolo 5,* ho inserito alcune tattiche che puoi già integrare nel tuo piano, ossia dei trucchi da applicare alle attività al dettaglio, come piccoli esercenti, bar, ristoranti, saloni, parrucchieri, ecc.

Nel *Capitolo 6,* ho descritto come cambiare la percezione del concetto di "fallimento". Tuttavia, ho voluto inserire i 7 motivi principali per cui le aziende falliscono. In questi casi, senza applicare a dovere alcuni principi di base, sono destinate, purtroppo, a questa dolorosa e inevitabile evenienza.

Infine, nel *Capitolo 7,* ho fatto una lista delle caratteristiche che deve avere un leader, sia per se stesso che degli altri. È pertanto, importante da parte tua, coltivarle nel tempo, fino a raggiungerle tutte.

Poi a seguire c'è un capitolo dedicato alle *case history,* ossia come concretamente tutto quello che hai ritrovato nei capitoli 1, 2, 3, 4, 5, 6 e 7 sia stato materialmente applicato e i conseguenti risultati ottenuti.

Prima di partire, ho voluto fare un capitolo apposito, il prossimo, in cui ho prestato particolare attenzione nel raccontare la mia personale esperienza di vita, intersecata a quella lavorativa. È da questa che capirai perché nonostante "succede anche ai migliori"… il fallimento non esiste.

Chi Sono, come Business Coach

Prima di presentarmi, permettimi di trasmetterti chi è il *Business Coach*. Intraprendere un percorso con un *Business Coach* significa assumere una vera e propria partnership. Grazie all'affiancamento costante, i clienti sono in grado di apprendere ed elaborare tecniche, strategie al fine di migliorare le performance e ottenere risultati tangibili su diverse aree: finanziaria, comunicativa, strategica e marketing, ecc.

Il metodo adottato da me e i miei collaboratori, si basa sulla "scoperta", cioè una modalità proattiva nella gestione delle sfide e delle opportunità, una formulazione costruttiva di *feedback* e miglioramenti continuativi.

Si definisce *coaching* il processo attraverso il quale si guidano individui, gruppi di persone e aziende a raggiungere il massimo livello di rendimento e prestazioni. È un processo che porta all'espressione piena di tutte le risorse, presenti o da acquisire e, superare le proprie soglie. Il *coaching* si focalizza sul cambiamento generativo, quindi è "orientato al risultato", piuttosto che "centrato sul problema".

Personalmente, vanto esperienze dirette sul campo con molte aziende come clienti, nonché altrettante applicate in imprese di mia proprietà. In ogni caso, la formazione, gli obiettivi e le procedure devono essere necessariamente di tipo "sartoriale", calibrate, pertanto, su misura delle esigenze di ogni organizzazione, proprio perché ognuna ha un "suo" mondo ed è unica.

Questo comporta l'espressione piena delle risorse andando oltre i limiti e aggirando le barriere per dare il meglio. Attraverso il *coaching* si aiutano i singoli anche a realizzare prestazioni più efficaci, in quanto membri di una squadra.

Ho un'esperienza più che ventennale e internazionale, mi sono costantemente formato direttamente dai migliori esponenti al mondo nei campi dell'apprendimento, del cambiamento e del miglioramento. Promuovo, a mia volta, l'evoluzione sia negli individui che nelle organizzazioni, secondo modalità realmente funzionali e incisive: l'evoluzione è una prerogativa, sia a livello personale che apportata nelle aziende.

Ogni professionista appartenente a una società, che sia imprenditore, dirigente o manager, è dapprima una persona, poi ricopre quel determinato ruolo che gestirà a sua volta altri esseri umani. Se non si monitora dapprima se stesso, non è possibile creare poi una comunità che raggiunga all'unisono gli obiettivi prefissati. Ecco perché è indispensabile la formazione, la consulenza e l'affiancamento su ogni "protagonista", sia della piccola che media e grande azienda.

Ora, la mia storia, di come sono nate le mie aziende, la crescita e la trasformazione che "abbiamo" avuto "insieme" in questi ultimi 20 anni di esperienza, dal successo al fallimento, dal fallimento al successo.

Spesso diamo una connotazione completamente errata alla parola fallimento. Tralasciamo per un attimo la definizione da dizionario, ossia la procedura aziendale dell'imprenditore commerciale e il suo intero patrimonio con il quale si deve liquidare, per quanto più possibile, i creditori.

Nello scenario comune si addita come "fallita", quella persona che non è riuscita in qualcosa, o che ci ha provato, ma n'è uscita "perdente". Niente di più sbagliato: il fallimento è insegnamento di quella singola "sconfitta"; è aver provato e non deve essere assolutamente confuso con l'essenza della persona.

È stato un suo personale passaggio, non lo si può né identificare né etichettare come "È", ma come chi ha eseguito delle azioni, seppur con impegno, in un certo qual modo "errate".

"Ricorda, quando i tuoi piani falliscono, che la sconfitta temporanea non è un fallimento permanente. Significa soltanto che i tuoi non erano validi. Crea altri progetti. Ricomincia tutto da capo." Cit. Napoleon Hill.

Chiariti su questo punto, la mia storia mi ha insegnato proprio tutto ciò: ho capito gli errori che ho fatto e li ho usati per migliorarmi di volta in volta. Per me non c'è niente di più appagante che vedere replicato questo atteggiamento nei miei clienti che, guarda caso, portano le proprie aziende a successi esemplari (nel capitolo *"Case History"* ti ho raccontato proprio alcuni di questi).

Oggi, guardandomi indietro, è normale che provi a volte sentimenti d'insofferenza, che con il senno del poi alcune esperienze le rifarei, altre invece le eviterei come la peste, ma so che hanno fatto parte di quel processo che mi ha portato a essere quello che sono nel presente, che mi hanno permesso di ottenere tutto quello che ho ottenuto e che mi hanno aiutato a capire chi vorrò diventare e dove andare in futuro.

Al di sopra di tutto, ho consapevolizzato che mettere a disposizione degli imprenditori tutto quello che ho studiato, applicato e provato è lo scopo più alto e nobile che abbia scoperto su me stesso. Fin da giovane ho avuto la fortuna di affiancare sempre grandi aziende, già "avanti" rispetto a quello che erano i concorrenti; quindi ne ho "rubato" le diverse strategie, tattiche e implementazioni.

Quello che vedi ora è la conferma e l'unione, sia di tutto quanto ho visto con i miei stessi occhi che della mia immane voglia di formazione in aula, a livelli altissimi.

Un connubio vincente fatto di teoria sui banchi e pratica nella quotidianità.

Mia mamma aveva un negozio di abbigliamento per bambini, in franchising. Quando compii i 16 anni, iniziò a stare male, da non poter riuscire più a gestirlo. Così, lo presi in gestione insieme a mio padre per un po', ma era difficile far combaciare la scuola e gli impegni lavorativi. In quel momento dovetti fare la mia prima scelta importante, sofferta, perché a me la vita da "imprenditore" piaceva: i fornitori, andare spesso a Milano nella sede centrale per la formazione, avere rapporto con i clienti, le banche, ecc.

Continuai gli studi, con la promessa che, non appena avessi finito, avrei riaperto un negozio tutto mio. E così fu: "American Legend Store", rivendita di abbigliamento che andavo direttamente ad acquisire direttamente presso i diversi pronto moda sparsi in giro per l'Italia. Le domeniche, appena maggiorenne, le passavo in macchina a macinare centinaia di chilometri, mentre i miei coetanei le trascorrevano a divertirsi. Ma io avevo un obiettivo e volevo perseguirlo.

Il mio negozio diventò la mia ragione di vita, anche per "riscattare" i miei genitori da quel passo obbligato che dovettero fare. Mi arrivò in quel tempo anche la lettera per la chiamata al servizio di leva, il militare. Fu un episodio bizzarro, perché a quei tempi, oltre 25 anni fa, potevi chiedere l'esonero se avevi dei dipendenti. Già, perché dopo il primo anno di attività da solo, mi stavo già ingrandendo, e in quanto titolare d'azienda me lo concessero.

Mio padre, in quel momento, era manager per un'azienda che produceva mobili d'arredamento specifica per i negozi. Iniziai a studiare e affacciarmi anche su quel settore. In contemporanea, decisi di voler aprire il primo negozio, "Motivi", in Molise, uno dei primi franchising di abbigliamento in Italia, dopo Benetton. Questa scelta la presi per un aspetto in particolare, determinante per me: in quel momento era l'unica azienda che formava gli affiliati, sia i titolari, ma anche le venditrici.

Questa fu una svolta impattante: capii che da singolo commerciante, che faceva le cose un po' a "caso", con il "fai da te", si poteva passare a diventare un vero imprenditore, grazie alla formazione, alla guida, ad avere dei punti di riferimento e confrontarsi con altre realtà e persone.

Partecipai al mio primo corso, tenuto a Desenzano del Garda, (immaginati quanto fu importante per me, proveniente dal Molise, una terra "abbandonata", stare in mezzo a gente di Milano, Roma e altre grandi città) che trattava la vendita, la gestione delle risorse umane, come ottimizzare un negozio ai massimi livelli, l'area finanziaria e molte altre materie. Eravamo in pochissimi commercianti in quell'era ad aver compreso il valore della formazione.

Qui arrivò un'altra scelta importante da fare: decisi di cedere il negozio di abbigliamento "American Legend Store" ai dipendenti per dedicarmi a frequentare corsi e proseguire a gestire "Motivi". Il lavoro non si poteva scindere dal miglioramento e viceversa.

Iniziai a creare nuove aperture in svariati posti d'Italia, una all'anno, arrivando a 6 punti vendita con un fatturato, a circa 25 anni, pari ai 3 milioni di € di oggi. Dopo anni di studio a livello aziendale affiancai anche a questo il mondo della motivazione, auto aiuto e crescita personale: Roberto Re, Roy Martina, Richard Bandler fino a conseguire l'attestato da "Coach Professionista" a seguito del Master in Programmazione Neuro Linguistica (certificato NLP di Richard Bandler USA).

Furono anni per me di profondo mutamento, smisurato e intenso, che mi tornò utile successivamente. In quel periodo, chi aveva quel diploma, poteva vantare un elemento differenziante sulla concorrenza davvero forte.

Ancora una volta, scoprii qualcosa di nuovo, ma soprattutto che potevo trasferire agli altri tutto quello che stavo imparando, e aiutarli: le mie venditrici, i fornitori, le banche e i clienti. Iniziavo a maturare quell'aspetto che avevo tenuto dentro e nascosto, di contribuire a migliorare la vita delle persone.

Ma, fui costretto per un po' a mettere da parte questa propensione, perché come in tutti i viaggi dell'eroe, anche per il migliore, è successo l'impensabile e l'inaspettato: toccai con mano il fallimento.

Poco meno che trentenne, preso dall'entusiasmo e per diversificare l'attività che stava già andando a gonfie e vele, volli intraprendere il percorso da immobiliarista: compravo stabili, li sistemavo e li rivendevo. Partecipai, come da consueto mio modo di fare, a corsi sull'immobiliare, studiai tutti i libri possibili sull'argomento, ma a differenza del franchising, partii da solo, senza affiancamento, senza i consigli di nessuno. Probabilmente peccai di presunzione e questo fu l'errore che mi costò tutto. Tutto.

La banca mi concesse un milione di € come mutuo per un investimento: avevo molte garanzie dalla mia, non esitò. Oltre al milione, a parte, mi diede anche 100 mila € liquidi sul conto, per iniziare subito l'operazione: acquisii un immobile di 12 appartamenti, cominciai a sistemarlo e nel frattempo vendetti sulla carta gli appartamenti.

In sei mesi riuscii a restituire 700 mila € alla banca. Ritrattammo il mutuo per i soli 300 mila € restanti. Ma la stessa si fuse con un'altra e tutte le vecchie delibere, tra cui la mia, decaddero e non autorizzavano tecnicamente lo scioglimento del mutuo fino a quando non gli avessi restituito i 100 mila € in contanti e i 300 mila rimanenti. Inoltre, non mi permettevano di rogitare, in quanto gli appartamenti erano dati in garanzia e dunque, ero impossibilitato a incassare i soldi.

Quindi ero entrato in un vicolo cieco e senza uscita.

In quel momento, nella più grande solitudine, nel pieno di incertezze più buie successero due eventi: il primo la nascita di mio figlio, il secondo aver incappato in una frase. Questa fu la punta di un iceberg, giunta dopo un decennio di formazione, dai miei 20 ai 30 anni sulla crescita personale, grazie alla quale ritrovai la forza, la maturità e l'incoronazione di tutta l'evoluzione che passo dopo passo affrontai.

Quale fu la frase? "Succede anche ai migliori!". Mi si aprii dinnanzi un mondo: trovai l'energia per affrontare questa situazione e decisi, finalmente, di smettere di ragionare d'istinto e con il cuore, ma di assumere una visione oggettiva e applicare in modo utile e concreto tutto quello che imparai negli anni passati dalla formazione. Mi aiutò, oltre che a reagire, a trovare la soluzione per salvare, almeno in parte, il salvabile applicandolo con strumenti concreti.

Riuscii, attraverso la dilapidazione di tutti i miei risparmi almeno a restituire gli appartamenti agli acquirenti che altrimenti sarebbero rimasti in mezzo a una strada e a chiudere il debito residuo con la banca.

Un perito che conobbi in quel frangente, mi disse che avrei potuto far causa alle due banche fuse e che vi erano tutti i presupposti per vincerla, ma in quel momento volevo solo chiudere la partita, dare un tetto a quelle persone che si erano fidate di me e pensare alla miglior crescita e cura di mio figlio. Per la terza volta nella vita, dopo un'altra decisione soffertissima, mi riproposi di ripartire e riottenere tutti i miei soldi e giungere al successo che avevo già avuto in precedenza.

Ripartii da capo. Vista la mia esperienza, un'azienda mi offrì un lavoro da manager per gestire, come arredatore, i loro negozi. Mi diedero parecchi bonus, tra cui, la macchina, la carta di credito, il cellulare, un super stipendio. Insomma, benefit che farebbero gola a chiunque, ma la mia identità da imprenditore non era appagata.

Lo svolsi per un po' di tempo per fare di una necessità una virtù, visto che avevo la necessità di "sicurezza". Purtroppo per fortuna qualcosa dentro me non risuonava, mi chiedeva costantemente il conto: non si può andare contro la propria identità interiore.

La puoi rimandare, ma non sopprimere.

Dopo circa un anno, nonostante tutto remasse contro e assolutamente la situazione economica non lo prevedesse, smarcai la società, seppur con molta gratitudine e rispetto per quello che ci siamo dati a vicenda e incoronai la mia prima commessa, il mio primo cliente, il mio primo contratto. Arredai il mio (primo, nuovamente) punto vendita in totale autonomia.

La fortuna aiuta sempre gli audaci. Questo mi diede lo "sprint" per ricominciare nuovamente nella mia vita. Iniziai, con uno spirito completamente nuovo e rinnovato fino a rimettermi sul mercato per arredare negozi appartenenti a catene grosse di marchi importanti e franchising che ancora ad oggi, i miei collaboratori portano avanti sotto la mia supervisione, tra cui Gaudì e Denny Rose, Yamamay Beach, Mercedes e altri.

Inoltre, ripartii laddove avevo bruscamente interrotto con l'immobiliare. Questa volta fui deciso e determinato, e imparai la lezione. Ad oggi ho consulenti competenti esperti nel proprio settore (avvocati, notai e commercialisti) che mi affiancano in qualsiasi operazione in cui abbia un piano per investire. Non avevo la minima intenzione a voler "lasciar perdere", mi costò troppo quel "fallimento".

Capii talmente tanto miei errori e imparai così tante lezioni che sentivo sarebbe stato uno spreco buttare via tutta quella pratica fatta sul campo. Come finì questa storia, in "apparenza", così triste?

- Ricomprai tutti gli immobili persi.
- Rientrai in parte dalla perdita economica.
- Continuai nell'attività per arredare negozi: ottenni, finanche una commessa per allestire il punto vendita "Dsquared" a Cannes, di fianco alla Boutique di Cavalli.

Certo, non è stato un passaggio fatto dall'oggi al domani, senza tribolazioni e sacrifici, ma il mio *focus* era solo sugli obiettivi, sulla riuscita e sul successo. Le soluzioni c'erano: dovevo solo eliminare dal processo gli sbagli fatti. Quegli anni furono brevi, ma infiniti. Mi portarono via tutto, ma quello di cui non riuscirono a spogliarmi fu la mia identità.

La mia resilienza fu massiccia, incentrata proprio su questo. Riuscì a venirne a capo solo grazie alla piena corrispondenza tra ciò che ero, ciò che volevo essere e ottenere nel mio profondo. E la formazione? Mi rimisi sui banchi di scuola e seguì altre correnti di pensiero, tra cui, Andrea Favaretto, Giorgio Nardone, Brian Tracy, Anthony Robbins, Alfio Bardolla, Roberto Re, Claudio Belotti, Frank Merenda e, per finire, mi iscrissi alla facoltà internazionale di Psicologia in Discipline Psicosociali "Uninettuno".

Da qui, volli fare il passaggio "ultimo", che fu poi il primo, il nuovo momento d'iniziazione: fare il *Business Coach,* proprio per aiutare gli imprenditori a non commettere gli stessi errori e sbagli di valutazione che avevo già fatto personalmente.

Sentivo, appunto, che mi mancava un pezzo: contribuire nel mio piccolo, attraverso la mia esperienza, a rendere la vita dei titolari d'azienda più "fluida", più chiara, più efficace.

È stato un atto di assoluta riconoscenza verso quello che ho vissuto e per il quale sento un senso del "dovere" a raccontarlo, dal successo al fallimento, dal fallimento al successo. È l'attività che ad oggi mi rispecchia totalmente, mi riempie, mi soddisfa in tutto e per tutto: anima, cuore, spirito e mente.

Oltre l'attività da *Business Coach,* le altre due, l'immobiliare e l'allestimento negozi, mi rendono un fatturato di cinque volte superiore rispetto a quello prima della "caduta", ma l'aspetto essenziale, oltre l'aumento in sé, è la qualità della mia vita e come ho deciso di lavorare: delego, ho fiducia in me stesso e nelle mie capacità, sono sempre pronto a migliorarmi e faccio affidamento su altre persone (ben selezionate).

La mia realtà imprenditoriale rispecchia in tutto e per tutto la mia evoluzione, i miei valori, quello che davvero ambivo fin da giovane. Non permettere mai e poi mai a nessuno, né tanto meno agli eventi, di snaturare la tua identità, di distorcere il tuo vero essere, perché questo sarà il tuo unico faro nella notte, che ti guiderà per sempre.

Le persone hanno degli episodi che li mandano fuori strada, ma poi chi riesce a dimostrare, soprattutto a se stesso i propri ideali, tornerà a essere quel "migliore" rispetto a che cosa è in grado di fare. Ed è proprio quando pensi che sia finita, che facendo quell'ultima azione in più, quel gesto in più, quel passo in più dell'impossibile, che riesci a scorgere quell'alba di speranza dentro di te.

Quando sei al limite tra il "morire" ed il vivere, quando tutti dicono "non ce la farai, è finita", alzati e scrollati la polvere di dosso, vai contro corrente, e ricomincia a lottare, perché il premio è la tua stessa vita.

Abbi sempre il vero e assoluto coraggio di non raccontartela, mai, perché è qui che avverrà la magia: proprio quando sarai disposto a fare quello che nessun altro è disposto a fare, giocando il tutto per tutto.

Capitolo 1:

Le 10 Top Skills da avere nel business

In questo capitolo ho voluto inserire le top 10 skills che ogni titolare d'azienda deve assolutamente possedere: sono quelle abilità richieste dal mercato mondiale, che come ho già detto in precedenza è in costante evoluzione, necessarie a performare con altissime prestazioni.

L'imprenditore è la figura che organizza e gestisce una realtà aziendale o un'iniziativa societaria e se ne assume la piena responsabilità, per lo più significativa, connessa al rischio intrinseco e alla durata della stessa, nonché al risultato da questa creato.

Il termine deriva da *"im-prendere"* e vi è una forma arcaica di intraprendere. Questo significa dare vita a qualcosa: o una nuova impresa o progetto, con la caratteristica principale di creare valore per gli altri attraverso la distribuzione di prodotti o servizi.

Gli oneri (e anche gli onori, nel caso di un lavoro ben fatto) per arrivare al risultato sono completamente sulle sue spalle. Ma c'è una sostanziale differenza tra essere un imprenditore comune ed essere un imprenditore di successo. Nel secondo caso, comporta l'unione di due pilastri principali:

- saper visualizzare e cogliere innovative opportunità;
- circondare il proprio ecosistema di persone con la mentalità di portare a termine con successo quanto progettato.

Laddove è possibile risolvere un problema o soddisfare una necessità, i titolari creano la propria *vision* aziendale e, attraverso doti di leadership, la trasferiscono ai diversi collaboratori: realizzare un'operatività a 360 gradi di ciò che li circonda fa di loro dei maestri nell'individuare delle occasioni sempre favorevoli alla nascita, sviluppo e consolidamento della propria idea.

Inoltre, sono potenzialmente in grado di cambiare le regole del gioco in qualsiasi momento.

Ecco la "formula" del successo. Vediamo assieme le 10 skills.

1. Soluzione di Problemi Complessi.

2. Pensiero Critico.

3. Creatività.

4. Gestione dei Collaboratori.

5. Capacità di Coordinamento.

6. Intelligenza Emotiva.

7. Capacità di Giudizio e di Prendere Decisioni.

8. Orientamento al Servizio Offerto.

9. Negoziazione.

10. Flessibilità Cognitiva.

Per ciascuna, a seguire, troverai sia la descrizione e il significato che le relative riflessioni e valutazioni di tutto quanto ho constatato in "trincea". Ho riportato anche degli esempi statistici concreti e reali di come convertirli in evidente efficacia e applicazione per qualunque realtà.

Ho selezionato questi non solo perché riguardano le azioni delle persone e le caratteristiche che assumono all'interno dell'ambito lavorativo, ma ho altresì evidenziato come questi atteggiamenti plasmano la personalità, il carattere di ognuno e che si ripetono anche al di fuori della realtà lavorativa.

Sono veri e propri comportamenti che definiscono "chi" diventano i facenti parte di quello specifico gruppo e in "chi" si sono trasformati nel tempo attraverso le abitudini acquisite e la conferma dei loro risultati.

Son partito dall'ultima per poi arrivare in cima; vedila come una piramide: alla base c'è la numero dieci, la più "semplice" fino ad arrivare alla prima, dove vi è la soluzione di problemi più complessi, che rappresenta, quindi, la sintesi di azioni concrete che racchiudono tutte le abilità richieste nelle sottostanti.

Osservando la lista noterai che non ci sono alcune caratteristiche: essere preciso, puntuale, schietto, professionale e disponibile (quanto basta). Queste non esprimono più un elemento differenziante per il successo, anzi fanno parte di un pilastro che deve essere considerato scontato per ogni tipo di situazione di mercato che si voglia affrontare. Invece, le 10 skills che il mondo oggi richiede sono tutte rivolte verso la capacità di relazioni e rapporti.

Numero 10: flessibilità cognitiva.

La flessibilità cognitiva è la capacità di capire se quello che stai facendo non funziona più oppure ha smesso di essere valido. È quindi, l'abilità di saper intraprendere i tuoi comportamenti, pensieri e opinioni, al fine di adattarti all'ambiente e/o a nuove situazioni sopravvenute.

Riuscire a usare regole e azioni diverse, adeguandole a contesti differenti, è una delle doti fondamentali per la riuscita imprenditoriale. Di solito, le persone che mostrano una maggiore flessibilità cognitiva sono anche quelle che ottengono cambiamenti più veloci, ma soprattutto, hanno risultati efficienti, agili nonché in parte anche improvvisi.

Sono esseri dinamici, indirizzati verso le soluzioni e non verso i problemi. Elastici mentalmente, in grado di cambiare in modo pronto e scattante per passare da uno schema all'altro, da un'abitudine vecchia a una nuova senza tanti "ripensamenti". Il paradosso del mondo in cui viviamo oggi è che bisogna imparare tutto e subito, ma la reale differenza la fanno il modo e le prontezza con cui riesci a imparare e a disinstallare o a disapprendere le vecchie abitudini.

Queste azioni risultano difficili perché dietro le quinte di alcuni comportamenti diventati la nostra consuetudine, possono racchiudersi delle convinzioni più o meno radicate, dovute a episodi che ci hanno fatto "credere", magari per un po' di tempo, che quella determinata idea, o quel meccanismo erano giusti e quindi diventa per noi normale portarli avanti nel tempo.

Abbiamo molteplici esempi della nostra vita quotidiana da focalizzare per poter dimostrare il cambio repentino di alcune abitudini di mercato, che riguardano sia le modalità di acquisto che quelle di vendita. L'esempio più lampante in questo periodo è Amazon, che ha stravolto totalmente la maggior parte delle abitudini dei nostri acquisti.

Acquisendo sul mercato una spedita affidabilità, ha conquistato soltanto negli ultimi due anni milioni e milioni di utenti, rendendo alcuni addirittura dipendenti, posizionandosi e divenendo il colosso per eccellenza per le vendite online, anche per i libri. Non solo è riuscita come azienda a modificare la nostra routine ma è cambiata, ad esempio, tutta la percezione dei clienti in merito allo scambio di beni e monete online, tramite il web. Quanti erano scettici a trasmettere i dati della propria carta di credito su un sito? Oggi, anche grazie ad Amazon, è diventata una consuetudine. Certo, le truffe ci sono e continueranno ad esserci, ma molte più persone si sentono maggiormente "tranquille" a inserire quei numeri in siti affidabili, come appunto Amazon.

Per di più, ho notato che ultimatamente ha introdotto, proprio per garantirsi anche chi ancora ha difficoltà con le carte di credito, ulteriori forme di pagamento da riscuotere presso alcuni negozi fisici, come i contanti, oltre il bonifico bancario e addirittura le rate. Se questa non è una dimostrazione lampante di flessibilità cognitiva non so proprio cosa possa esserlo: un qualcosa che sta creando una rivoluzione degli acquisti.

È esemplare il modo in cui ha migliorato il servizio in base a determinati problemi delle persone, per soddisfare le esigenze di molti clienti. La caratteristica differenziante di Amazon è sicuramente la capacità stessa di dimostrare di avere la giusta flessibilità cognitiva, non solo per la risoluzione delle rogne e seccature (ad esempio con i resi), ma anche di risposta ai (nuovi) bisogni, come ad esempio l'urgenza delle consegne, la scelta del pagamento o il risparmio di tempo.

È nelle difficoltà che bisogna dare prova di chi sei davvero e di che stoffa sei fatto. Questo processo contribuisce a trasformare i clienti in fans, in tifosi in barba a chi ancora sostiene il "ho fatto sempre così" o "la gente è abitudinaria", ossia tutti quei vecchi schemi che non hanno più alcuno spazio nel mercato odierno.

La rigidità, se si vuole lavorare in un team, in un'azienda o semplicemente per se stessi, va risolta a monte. Oltre per il fatto di ritrovarsi con molte difficoltà di cooperazione, rallenta notevolmente il processo di cambiamento, che come ho già scritto altre volte, è sempre più rapido e di ampie dimensioni.

Oggi non è il più competente che batte il meno competente, ma chi è il più veloce rispetto al più lento.

L'elasticità mentale è la caratteristica principe per generare dei risultati, oltretutto differenti.

Numero 9: negoziazione.

La negoziazione è un processo decisionale interpersonale che si rende necessario quando non è possibile raggiungere i propri obiettivi unilateralmente. Ogni business richiede che ci siano due controparti che negoziano uno scambio, il quale avverrà solo se entrambe credono di aver avuto il valore che volevano ottenere, ma ancor di più, vogliono avere la sensazione che l'altra parte non abbia approfittato di loro.

In ogni negoziazione, ciascuna figura deve scegliere tra due possibilità:

- accordo;
- miglior "non" accordo.

I negoziatori cercano di mostrare i propri interessi e convincersi a vicenda ad accettare una proposta che li soddisfi di più del "non" accordo. La difficoltà sta nel capire le intenzioni altrui e influenzarne le decisioni in modo che scelga nel suo interesse la tua soluzione proposta. Non si tratta di manipolazione, ma di comprensione delle volontà della controparte e di adattamento alla tua decisione in modo da ritrovarsi in pieno accordo.

In fase di trattativa considera sempre tutti i tipi di interessi che entrano in ballo, oltre a quelli economici, gli emotivi, psicologici, sociali, di status sia dei singoli che di eventuali gruppi interessati. Al venditore di una volta, quello con la parlantina, non gli interessava nulla del cliente, era focalizzato soltanto sul chiudere il contratto.

È importante cambiare modo di pensare: non dover acquisire nuovi clienti a tutti i costi, che sicuramente resta una fase importante, ma imparare soprattutto ad avere la cultura di non perdere quelli già esistenti, anzi di fidelizzarli e crear loro le condizioni per acquisti ricorrenti.

Una delle prime attività che svolgo è fare l'analisi dei clienti in essere e verificare se gli stessi sono già al massimo della loro capacità di spesa presso l'azienda, considerando anche il livello di soddisfazione. Verifichiamo quante volte hanno fatto un *"upgrade"*, o compere dello stesso prodotto o dei correlati. Nei casi di ritorno è un chiaro segnale di fidelizzazione, quindi la strategia di vendita utilizzata è quella vincente e necessita di essere monitorata e replicata il più possibile.

Inoltre, trasmetto l'esigenza che tutte le persone del team (dal centralinista al magazziniere, dal manager agli addetti alle pulizie, dagli operai agli impiegati) diano l'assoluta percezione di essere formati e di essere consapevoli, soprattutto con il cliente, che è una continua e costante negoziazione.

Anche se non si tratta di vendere il prodotto o il servizio, far trasmettere a tutti i livelli il valore aziendale, attraverso ogni elemento all'esterno, diventa fondamentale. Il singolo non è, per la maggior parte delle volte, attento ad avere cura e attenzione dei possibili acquirenti, non mette in luce i reali vantaggi e il valore che assume quella determinata vendita per la sua vita.

Si rischia, se passa il messaggio errato, di bruciare, oltre che la singola operazione, anche l'intera azienda o il lavoro di altri colleghi e l'immagine collettiva.

Etichetta in malo modo tutto il sistema nel suo insieme.

Per questo, è di vitale peso:

- far sentire ogni lavoratore facente parte del gruppo di lavoro, e al contempo, importante. Tutto sotto la leadership del titolare, il quale deve aver ben identificato il ruolo di ognuno, agli occhi di tutti;

- istruirli su tutte le fasi del processo di vendita. Magari non dovranno sapere nel dettaglio come si svolgono, ma consapevolizzarli di essere integrante di tutta la catena, oltre a conferire loro la giusta importanza, permettere di districarsi in autonomia e di essere considerati con più alta influenza.

Numero 8: orientamento al servizio offerto.

L'orientamento al servizio è la capacità di individuare, comprendere e soddisfare le esigenze dei clienti, interni ed esterni all'organizzazione. La sensibilità interpersonale è un fattore importante per stabilire rapporti di fiducia con il cliente, così come quella di ascolto, di aiuto e comunicazione, trasmettere fiducia.

L'orientamento al cliente è una competenza che consente di

prevedere i reali bisogni, anche a livello della persona, e adoperarsi per soddisfarli, sempre rispettando la trattativa *win-win:* dobbiamo vincere entrambi.

Coinvolgere i clienti in tutte le attività che li legano alla tua azienda, attraverso promozioni, offerte e contest vari, non servono solo a fare "più vendite", ma a renderli partecipi e a trasformarli in veri e propri fans. Essere sempre chiari in tutte le opzioni sull'offerta che si propone è un altro punto nodale su cui lavorare.

Visto ancora più in grande, posso affermare che esistono anche delle nazioni e alcuni stati orientati proprio allo sviluppo ambientale, industriale e/o al business. La città più eclatante ed esemplare in tutto il mondo è Dubai: oltre alla parte dedicata alla crescita ambientale, sia per caratteristiche che per dimensioni, dietro ad ogni azione, vi è alla base un atteggiamento che racchiude il chiaro esempio di un popolo che ha fatto del "servizio" un evidente elemento differenziante, dedicandosi in contemporanea anche alla crescita industriale e al business. Si può definire Dubai, per eccellenza, la città orientata in tutto e per tutto al servizio. Quest'orientamento lo noti anche semplicemente quando arrivi negli aeroporti di altre diverse città.

In totale contrapposizione a Dubai, ci sono posti nel mondo dove gli addetti che controllano le persone in transito, mai che facciano un sorriso o che ti guardino negli occhi.

Si limitano a timbrare il passaporto e a "lanciartelo" sul banco per riconsegnartelo, come se tu fossi un delinquente o se ti stessero facendo una cortesia, tralasciando quel "piccolo" fattore che è un tuo diritto viaggiare e soprattutto ignorando che tra quelle sagome ci sono dei turisti che vengono a portare i propri soldi e a contribuire ad aumentare il Pil della loro nazione.

Per fortuna, in altre zone, ti sorridono e ti augurano persino: "Buone vacanze" oppure "Ben arrivato nel nostro paese", "Arrivederci, a presto", anche disposti ad aiutarti. Il turista dove sarà più propenso a tornare?

Un buon servizio e l'impegno nel voler rendere al nostro cliente un'esperienza unica, attraverso attenzioni eccezionali, che vadano anche oltre le aspettative di chi sta comprando da te, è un investimento sia sul presente che sul futuro, che prima o poi alla lunga ne paghi il conto sia in positivo che in negativo.

Tutto dipende da come formi le persone, dai valori che trasmetti, dalla tua "voglia" e capacità di posizionare i tuoi beni o servizi come fonte di aiuto per gli altri. Lo spirito che si cela alla base della prestazione offerta è la variante più elevato che esiste da sempre nel mondo e nella storia, che decreta il tuo successo o il tuo fallimento.

Così è, non ci sono scappatoie: viene trasmesso dalle parole non dette, dagli sguardi, da tutte quelle piccole/grandi gesta che fanno la differenza, appunto, da ogni componente della tua azienda. Questa è l'era delle relazioni: più ne coltivi e di qualità, più hai la possibilità di emergere, rispetto a chi cura solo il proprio orticello e personale tornaconto.

Numero 7: capacità di giudizio e di prendere decisioni.

La capacità di giudizio è la facoltà di conoscere e comprendere gli aspetti generali e universali, senza dipendere immediatamente, e di volta in volta, dai singoli avvenimenti isolati con cui essi ci appaiono. Si tratta cioè dell'abilità di cogliere il reale per "astrazione"; è l'attività che percepisce, elabora ricordi, coordina immagini, astrae, compara, giudica e ragiona.

Tutti noi abbiamo un pensiero percettivo che ci mette in contatto con gli avvenimenti che viviamo sia internamente che nel mondo esterno. Un pensiero immaginativo che rappresenta i dati, anche quelli evocati dal passato. Altre volte ho scritto che queste *skills* non hanno a che fare solo con l'attività imprenditoriale, ma vanno a intaccare anche nel privato tutte le persone che fanno parte del team.

Un dipendente di un'azienda, anche con centinaia di subordinati, a cui viene assegnato un suo spazio, a cui gli viene affidata una certa autonomia, deve potersi assumere la responsabilità del proprio settore o di quella parte di un progetto, e soprattutto la "libertà" di prendere decisioni operative e organizzative.

La capacità di leadership, quindi, si deve estendere anche a chi ha ruoli "micro", ma comunque importanti, per diventare perfettamente congruenti con l'intera filosofia del sistema.

La decisione finale è il risultato di processi cognitivi ed emozionali, che determinano la selezione di una linea d'azione tra diverse alternative.

Nella vita quotidiana prendiamo continuamente decisioni: in alcuni casi sono automatiche, mentre in altri è opportuno uno sviluppo più lungo, impegnativo e complesso. Tuttavia, l'atto di optare caratterizza alcuni dei più importanti eventi della propria vita sia personale che aziendale.

Numero 6: intelligenza emotiva.

"Non si vede bene che col cuore. L'essenziale è invisibile agli occhi." Cit. Antoine de Saint Exupery.

L'intelligenza emotiva è l'attitudine a saper gestire se stessi e gli altri, in particolar modo nelle situazioni di stress. Monitorare l'emotività rispetto alla quotidianità o dinnanzi a sfide importanti, facilita il superamento di molti ostacoli. È l'abilità di saper controllare o governare i sentimenti e le emozioni, sia proprie che altrui, imparare a distinguerle tra di esse e utilizzarle per guidare nel migliore dei modi i propri pensieri e azioni.

In molte delle aziende in cui interveniamo con programmi di *coaching* personalizzati, ci troviamo spesso ad affrontare questo argomento in tutti i settori e per i diversi componenti del team: è una componente essenziale anche e soprattutto nelle dinamiche di gruppo.

Infatti, oltre a formare il singolo per se stesso, bisogna dover allenare questa capacità e sensibilizzare le persone sul fatto che fanno parte di una squadra. In parole semplici, oltre che sapersi ascoltare e diventare consapevoli della natura delle emozioni che si provano in quel preciso istante, diventa indispensabile saper interpretare nel modo giusto la lettura e la comprensione degli altri.

Diamo gli strumenti necessari atti a evidenziare che "le persone spesso non corrispondono ai loro comportamenti". Questo aiuta anche nella gestione dei conflitti, sia evidenti che latenti. Come ogni muscolo del corpo va allenata quotidianamente attraverso l'arte del sapersi ascoltare e sapere ascoltare il prossimo.

Spesso, ci interfacciamo con imprenditori totalmente in balia di sentimenti improduttivi, che scatenano, a cascata, tutta una serie di conseguenze nel team, non di certo piacevoli, né tanto meno proficue. Essere centrati su se stessi dà sicuramente accesso a delle risorse efficienti, che in stati di coscienza alterati, non avrebbero alcuno spazio d'azione, ma che poi bisogna essere in grado di motivare, spalleggiare e aiutare tutti i protagonisti del proprio campo lavorativo.

Lascia che ti racconti l'esperienza più significativa che ho affrontato negli ultimi anni come *Business Coach* e che rappresenta un grandissimo esempio di come questo argomento possa davvero diventare il pilastro di ogni risultato, sia positivo che negativo: la chiave di accesso al successo di ogni azienda.

Entrammo in azienda il primo giorno, cominciammo ad analizzare e a farci descrivere ulteriormente quelle che erano le principali aree d'azione che dovevano essere sviluppate al meglio per allineare la squadra e per selezionare i clienti. In base a questi abbiamo verificato poi gli obiettivi di vendita e tutto il programma specificato nel contratto.

La prima cosa che mi saltò all'occhio e che osservai ripetersi, non erano tanto le difficoltà oggettive che l'imprenditore mi stava descrivendo, bensì quell'emotività negativa con cui mi raccontava minuziosamente situazioni, persone, fatti e risultati, ma sempre in chiave pessimistica.

Ebbi la certezza, immediata, che lo stesso modo in cui era abituato a parlare e a confrontarsi con la sua realtà, era quello percepito e adottato dai suoi collaboratori: era in una palese ed evidente aurea di assoluta ostilità. Infatti, dal tono di voce, dalla postura, dal ritmo con cui proferiva parole, dalla gestualità in genere, quindi sia dal punto di vista verbale, para verbale che non verbale, era "capace" di togliere energia sia a se stesso che all'intera squadra.

La rigidità del suo linguaggio del corpo, le parole "dure", la gestualità, il tono, il timbro e il volume della sua voce erano tutte proiettate costantemente sul trasferire la responsabilità a chiunque ed a eventi, affidando ogni circostanza al caso, alla fortuna o alla sfortuna.

Aveva un costante approccio ai problemi, senza mai apparire propositivo verso le soluzioni.

Mescolava in modo evidente gli atteggiamenti e i risultati della squadra con il giudicare sistematicamente l'essere delle persone, quando in realtà erano soltanto vittime di un ambiente, che come problema principale, aveva una grave distorsione emotiva.

Abbiamo impiegato quattro mesi per raddrizzare una situazione che ormai sembrava destinata al disastro più totale: dapprima il lavoro è stato fatto "nel" titolare. Gli abbiamo fatto vedere le riprese di quando parlava agli altri e con molta umiltà ha consapevolizzato il problema di fondo. Di conseguenza, tutta la squadra ha ottenuto risultati straordinari sia sull'approccio ai problemi che in questione di comunicazione.

L'ambiente si è trasformato in un luogo più disteso e gradevole per tutti, i quali hanno espresso e dimostrato una più ampia capacità di interagire. Ognuno si è sentito sollevato e più maturo di vivere la propria emotività, di gestirla nei rapporti interpersonali e con il titolare, ma anche e soprattutto con i clienti.

Nel capitolo successivo, ti ho parlato più ampiamente di questo tipo d'intelligenza, perché la reputo davvero importante.

Numero 5: capacità di coordinamento.

Il lavoro in team ha acquisito un'importanza sempre più forte all'interno delle strutture lavorative. Sapersi interfacciare in una squadra prevede di essere in grado di organizzare il proprio lavoro, dare delle priorità e riuscire a cambiarle se necessario, nonché inserirle in un flusso di altre azioni.

Tutto questo può incontrare ostacoli, momenti di crisi, interruzioni, inefficienze a cui bisogna esser capaci di far fronte. Nelle diverse sessioni dei nostri clienti notiamo ancora oggi che alcuni, fortunatamente la minima parte, ritengono superflua questa abilità.

Si denota dalla confusione delle idee che hanno con se stessi e che, ovviamente, trasmettono alla squadra. Questo comporta la perdita del potere nel sincronizzarsi senza riuscire a coordinare la fase progettuale e operativa.

L'organizzazione deve avvalersi di perfette azioni sincronizzate tra tutti gli elementi e del singolo, come in una scacchiera, dove ognuno ha la propria strategia, ogni pezzo conosce la sua direzione e quella degli altri, ma che si muove in base a un obiettivo comune.

Gli "avversari" potresti immaginarli come i concorrenti o i clienti: se non vi è unicità di pensiero la squadra verrà annientata. Durante una partita a scacchi, tutte le pedine si muovono in attacco in modo univoco, ma poi ognuno va anche in difesa del proprio Re e della Regina. Nello stesso modo, l'imprenditore dovrebbe porsi nella propria squadra, con autorevolezza (e non con autorità: sono due parole con significati completamente differenti) innescando un processo naturale di dinamiche di unione, compattezza e forza.

Autorevolezza (dal latino *gravitas*), corrisponde a una carica o funzione che non viene imposta per un'esigenza pratica di gestione del lavoro, dei ruoli o di una gerarchia del sistema e per la sua funzionalità, ma si crea spontaneamente per empatia e per la capacità del capo di essere un leader, in funzione del riconoscimento che riceve dagli altri appartenenti al team.

Questi, per il valore che gli viene conferito e per il potere assunto, si sentono da lui rassicurati, protetti, difesi, tutelati, fiduciosi del suo operato in favore di tutti e non solo fine a se stesso, al proprio vantaggio, al mero guadagno o ai personali interessi, ma che opera per quelli dell'intera comunità.

Numero 4: gestione dei collaboratori.

Il fare carriera è certamente una delle prove più complicate da superare, perché non si tratta solo di organizzare una struttura di lavoro, ma saper gestire, motivare, valorizzare e, quando serve, riprendere chi lavora per te. È una dote che richiede molta intelligenza emotiva e capacità di prendere decisioni, anche solerti.

Non è affatto da sottovalutare ed è altamente impattante sui risultati finali, a seconda se è perseguita con attenzione o meno. Si dice spesso che le persone non sono il loro atteggiamento: ebbene sì, questa è la fase più delicata da trasferire quando m'interfaccio in una nuova azienda. Il pregiudizio o il giudizio in assenza di una capacità di lettura degli atteggiamenti comporta, per certo, un'errata gestione delle persone.

Addirittura ci siamo trovati in casi esasperati di alcuni nostri clienti, in cui i dipendenti erano assolutamente validi, delle persone fantastiche, con capacità e *skills* altissime, ma che, come ogni purosangue che si rispetti, andavano "semplicemente" gestiti, e fatta una formazione proprio sulla guida di persone qualificate, ma ingestibili.

Come volevasi dimostrare gli stessi, grazie a un lavoro di comunicazione e allineamento raddoppiavano le proprie performance.

Prima di pensare di dirigere altre persone è necessario fare un ottimo lavoro per imparare a pilotare se stessi: è abbastanza usuale che l'azienda rispecchi l'imprenditore, così come a volte, il figlio segua le orme e la medesima strada di uno o entrambi i genitori. Si dice spesso che la mela non casca lontano dall'albero, ed è per questo che il primo lavoro venga fatto nell'imprenditore o di chi guida.

Numero 3: creatività.

Se guardiamo gli ultimi anni, si percepisce che solo soluzioni innovative avrebbero potuto fare la differenza all'interno di un sistema economico in crisi. In tutte le aziende che ho "vissuto", sia in difficoltà che, di contro, in piena evoluzione, sicuramente la caratteristica che ha aiutato gli imprenditori è stata la capacità di ricercare, di essere curiosi e di inventare un qualcosa di nuovo e unico, da poter immettere sul mercato, al fine di fare la differenza attraverso la creatività.

Nel corso della carriera si rischia di perdere progressivamente questa dote ed è per questo che sempre più manager incoraggiano l'inserimento di persone molto giovani nei team: potrebbero non apportare l'idea giusta, ma sicuramente sono da stimolo per una nuova visione, proprio grazie alla loro natura. I giovani, dal canto loro, devono avere il coraggio di sapersi fare avanti e l'imprenditore di aprirsi ad accoglierli con il giusto pensiero critico.

Numero 2: pensiero critico.

Adottare il pensiero critico non significa essere contro a priori, ma utilizzarlo per quei processi mentali di discernimento, analisi, e valutazione di tutte le situazioni.

Da Wikipedia: *"Il pensiero critico trae informazioni dall'osservazione, l'esperienza, il ragionamento o la comunicazione"*.

Si fonda sul tentativo di andare al di là della parzialità del singolo soggetto; i suoi valori fondamentali sono: chiarezza, accuratezza, precisione ed evidenza.

Nessuno agisce sempre in modo puramente oggettivo e razionale, conviviamo, a volte, per interessi egoistici. Pettegolare, vantarci, esagerare ed equivocare è un esclusivo atteggiamento "umano", desiderare di convalidare le nostre conoscenze precedenti, di rivendicare le nostre decisioni o di sostenere le nostre convinzioni.

Nel processo di soddisfazione del nostro ego, tuttavia, possiamo spesso negarci la crescita e le diverse opportunità intellettuali che incrociamo sul cammino. Potremmo non voler sempre applicare le capacità di pensiero critico, ma dovremmo averne costantemente a portata di mano, in modo da impiegarlo quando è necessario.

Il pensiero critico include una complessa combinazione di abilità, tra cui:

- razionalità;
- autocoscienza;
- onesta;
- apertura mentale;
- disciplina;
- giudizio.

Vediamole una ad una.

Razionalità.

Stiamo pensando in modo critico quando siamo in grado di:

- fare affidamento sulla ragione piuttosto che sull'emozione;
- richiedere prove, non ignorarne nessuna anche se già conosciute;
- individuare la spiegazione migliore, piuttosto che avere a tutti i costi ragione;
- analizzare la confusione apparente;
- porre sempre domande corrette.

Ad esempio non chiedersi: "Perché mi è successa quella cosa?", ma piuttosto "Come posso fare a…?".

Autocoscienza.

Stiamo pensando con criterio quando:

- soppesiamo le influenze dei motivi e dei pregiudizi;
- riconosciamo i nostri presupposti e punti di vista.

Onestà.

Quando diamo visibilità anche agli impulsi emotivi, i motivi egoistici, gli scopi nefasti o altri di autoinganno e auto sabotaggio.

Apertura mentale.

- Valutare tutte le inferenze ragionevoli;
- considerare una varietà di possibili punti di vista o prospettive;
- rimanere aperti a interpretazioni alternative;
- accettare una nuova spiegazione, modello o paradigma purché spieghi meglio le prove, sia più semplice o dia meno incoerenze o ricopra più dati;
- accettare nuove priorità in risposta a una rivalutazione delle prove o interessi reali;
- non respingere le viste impopolari fuori mano.

Disciplina.

- Diventare precisi, meticolosi, completi ed esaustivi;
- resistere alla manipolazione e agli appelli irrazionali;
- fare programmi raggiungibili e rispettarli;
- evitare giudizi a sorpresa.

- considerare l'imprevisto come parte integrante della vita e riadattarsi costantemente.

Giudizio.

- Riconoscere la pertinenza e/o il merito di ipotesi e prospettive alternative;
- individuare l'estensione e il peso delle prove.

In sintesi, i pensatori critici:

- sono scettici per natura: si avvicinano ai testi con lo stesso sospetto con il quale s'interfacciano alle osservazioni orali;
- sono attivi, non passivi, fanno domande e analizzano;
- applicano consapevolmente tattiche e strategie per scoprire il significato o assicurare la loro comprensione;
- non hanno una visione egoistica del mondo: sono aperti a nuove idee e prospettive;
- sono disposti a sfidare le loro convinzioni e indagare su prove contrastanti.

Il pensiero critico ci consente di riconoscere una vasta gamma di analisi soggettive di dati, altrimenti oggettivi e di valutare quanto ognuna potrebbe soddisfare le nostre esigenze. I fatti sono fatti, ma il modo in cui li interpretiamo può variare tutto e cambiare persino la nostra vita.

Al contrario, i pensatori passivi hanno una visione semplicistica ed egoistica del mondo. Infatti:

- vedono le cose o in bianco o in nero, non considerando mai tutta la varietà di possibili comprensioni;
- danno risposte a domande con un semplice "sì" o un "no", senza alcuna sottigliezza;
- non riescono a vedere collegamenti e complessità;
- non riconoscono gli elementi correlati;
- considerano i loro fatti come esclusivi e rilevanti;
- ritengono la propria prospettiva come l'unica ragionevole;
- reputano i loro obiettivi come i soli validi.

Numero 1: soluzione di problemi complessi.

Nessuno vuole problemi, tutti vogliono soluzioni. In una situazione economica sempre più complessa, che richiede un'alta capacità di flessibilità e di adattamento, nonché di una dettagliata lettura di nuove situazioni, l'attitudine a riuscire a sbrogliarle e a individuare le diverse opzioni di riuscita diventa fondamentale.

La risoluzione dei problemi non è più una novità né tanto meno un elemento differenziante: difatti, ai *"problem solver"* non dà più credito nessuna azienda. Piuttosto, danno adito a chi attua un processo che abbraccia tutte le qualità viste fino ad ora, per farle funzionare tra loro in perfetta armonia e sincronicità, anche nei team.

È come diventare un pilota di Formula Uno che, oltre alla potenza, ha a sua disposizione molte altre risorse: dall'elettronica, alle comunicazioni radio, dalle emozioni della partenza al gareggiare, dai fans al proprio brand personale.

In una gara, un pilota non è lì solo per saper premere sull'acceleratore o provare adrenalina grazie alla velocità, ma anche per saper riconoscere la reazione della macchina in casi d'interferenze (altri piloti, tempo meteorologico, incidenti, ecc.).

Sa che queste sono inevitabili, ma ha l'obiettivo di dover portare la sua macchina al *finish line,* a tutti i costi, nel miglior risultato possibile per se stesso, la sua squadra e il suo mezzo. Oltre a queste, la bravura di un pilota è il talento (complesso, sicuramente) di mettere insieme, in un tempo ristrettissimo, alla massima velocità, tutte le risorse per la risoluzione di problemi articolati e intricati tra loro, per arrivare alla vittoria, pena il perdere per una differenza, talvolta, anche solo di pochi centesimi di secondo.

Ha imparato sulla sua stessa pelle anche, che la concorrenza è sempre in scia, il mercato è pieno di nuove opportunità che offre soluzioni anche a problemi sempre più incombenti, che c'è qualcuno pronto a raggiungerti e a prenderti la posizione per andare al traguardo prima di te.

Il mondo ha bisogno di risolutori di problemi sempre più multiformi, non più banali. Le aziende e i clienti ti pagano per la competenza che hai e le soluzioni che offri o i bisogni che soddisfi, in via definitiva, con velocità (e non intendo pressapochismo), ma solerzia d'implementazione, prontezza, rapidità, sveltezza, con idee "alternative" e innovative, affiancando un reale progresso e differenziazione, a fronte di un'offerta sempre più ampia.

Queste le peculiarità che devi sempre tenere a mente, una parte che mi affascina notevolmente, ossia le caratteristiche da far rientrare in se stessi. Sistematicamente, anche tutto ciò è collegato alle proprie credenze e alla propria resilienza ad affrontare le situazioni, negoziando continuamente con persone o organizzazioni. A volte, capita di avere team di persone abituate a inviare una semplice e-mail di risposta e a pensare (follemente) di aver assolto così il proprio dovere e di aver risolto il problema.

A prescindere dalla capacità di negoziazione, il valore della persona lo riconosci quando è pronta a fare quella chiamata in più o un ulteriore tentativo di cercare altrove una soluzione, a non far finta di nulla dinnanzi a un altro "no" o all'ennesima porta sul naso. E ancora, di chiedere oltre ciò che non sa o affidarsi agli altri con umiltà e senza giudizio.

Se credi di non poter risolvere e che avverrà "magicamente", incontrerai solo molte scuse che ti allontaneranno da ogni tua meta.

La differenza concreta di chi risolve problemi fini a se stessi e chi dissolve, invece, complicanze, come neve al sole, è la sua predisposizione a fare quell'accelerata necessaria rispetto a chi si ferma un metro prima della bandiera a scacchi.

Il mondo è di chi va oltre le apparenze, oltre i rifiuti, di chi si applica con estremo coraggio, di chi è pronto a esporsi per arrivare al risultato finale, per se stesso e per l'intera squadra, nel rispetto dei valori, sia propri che altrui.

Capitolo 2:
L'intelligenza emotiva come leadership

L'intelligenza emotiva è stata teorizzata per la prima volta, non molto tempo fa, nel 1990 dai professori Peter Salovey e John Mayer in un articolo dal titolo "Emotional Intelligence". La definirono come: *"La capacità di gestire e di guidare i sentimenti ed emozioni proprie e altrui"*.

Saperlo fare quando si provano emozioni che si vivono difronte a un episodio nuovo, un'evenienza o una situazione è possibile ed è un obiettivo importante da porsi. Questo non vuol dire non viverle o goderle in pieno, ma significa dosare il livello di emotività in modo da esprimersi al meglio, sia con se stessi che con gli altri, in tutti gli ambienti in cui ci si trova.

Nel 1995 venne pubblicato il Best Seller di Goleman "Intelligenza Emotiva", tradotto in italiano nel 1997. Questo ha dato una visione nuova: le informazioni, le conoscenze e le *skills* sono superate. Certo sono importanti, ma quello che conta maggiormente sono le attitudini personali, le capacità e le caratteristiche che hanno a che fare con la gestione di se stessi, appunto, delle emozioni rispetto alle attitudini tecniche.

Prima di questa diffusione, il principio su cui si basava "quanto tu fossi intelligente" era il QI, ossia il *quoziente intellettivo,* termine coniato nel 1912 dallo psicologo tedesco William Stern, che classificava le persone.

Calcolarlo, rappresentava la formula in grado di prevedere il successo che avrebbe avuto o meno ogni persona. Attraverso problemi, test logici e matematici dava un risultato con un numero, il quale era, appunto, indice dell'intelligenza.

Il QI misura la nostra intelligenza con un valore, ma oggi le neuroscienze hanno fatto scoperte rivoluzionarie, soprattutto negli ultimi 10 anni, che considerano quel test completamente superato, obsoleto, se non falso. Difatti, noi non disponiamo di una sola forma d'intelligenza, ma ne disponiamo di tante altre.

Esattamente sono 9, ossia:

- l'intelligenza logico-matematica: la capacità di qualificare le cose, facendo ipotesi e, successivamente, dimostrandole;
- verbale-linguistica: trovare le parole giuste per esprimere quello che si vuol dire e trasmettere;
- spaziale: saper visualizzare il mondo in 3D;
- musicale: discernere i suoni, il loro passo, il tono, il ritmo e il timbro, tipica dei cantanti;
- cinestetica o corporea: coordinare la mente con il corpo, come i ballerini;
- naturalistica: comprendere gli esseri viventi, capire e interpretare la natura e gli animali;
- filosofico-esistenziale: monitorare le domande sui perché si vive e si muore;
- intrapersonale: sentire i sentimenti e le motivazioni delle persone, nonché le abilità relazionali;
- interpersonale: consapevolizzare se stessi in quello che si vuole, che si sente e si prova realmente.

Chiunque di noi è dotato di tutte queste intelligenze, ma c'è chi ne ha sviluppate alcune in più rispetto ad altre fin dalla nascita, ma così come ogni uomo o donna può aumentare alcune caratteristiche è possibile migliorarle nel corso della nostra vita.

Il nostro cervello ha la caratteristica principale della neuro plasticità, ossia il potere di plasmarsi e modificarsi continuamente. Questo vuol dire che se per alcuni anni t'impegnassi a studiare, apprendere e a lavorare su una determinata competenza o attività che non hai mai svolto, il tuo cervello verrà cambiato, evoluto e perfezionato; come se si sviluppasse ulteriormente.

In più, aver imparato qualcosa di nuovo, fa sì che queste *skills* non ti lascino mai più per tutti gli altri giorni della tua vita. Oltretutto, questo è possibile farlo a qualunque età: è in nostro pieno potere modificare, apprendere, cambiare e acquisire nuove nozioni, in quanto la neuro plasticità è una parte intrinseca del cervello stesso.

Tuttavia, se senti di avere un determinato talento o abilità in una delle intelligenze sopra descritte è giusto che tu lo sviluppi, se lo stesso ti fa stare bene e lo desideri particolarmente. Chiunque può arrivare a qualsiasi livello di ogni disciplina, a prescindere dal punto di partenza. Certo, ci si può sentire più portati o meno, ma tutto si può acquisire: non vi è alcun limite.

Quindi, si può definire l'intelligenza come qualcosa di ampio e complesso: alcuni aspetti sono più forti rispetto ad altri più deboli. Voglio sottolineare che cambiano anche in base a dove e a come siamo cresciuti, o alle nostre esperienze o caratteristiche personali, ma una cosa ci accomuna tutti: si possono allenare indistintamente.

Oltre a questi tipi d'intelligenza, voglio parlarti dell'intelligenza emotiva. Nel testo di Goleman vengono "trasformate" e racchiuse quattro tipi d'intelligenza emotiva (inizialmente erano cinque, ma poi sono state classificate in quattro). Nel dettaglio, sono:

- consapevolezza di sé;
- gestione di sé;
- consapevolezza degli altri;
- gestione dei rapporti e relazioni.

Vediamole una ad una.

Consapevolezza di sé.

La parola "consapevolezza" è l'abilità di vedere e di sentire quello che gli altri non sono capaci di osservare né captare o, peggio ancora, a non volersi nemmeno impegnare a notare. A volte siamo proprio noi stessi, che prima di una presa di coscienza di una determinata informazione, non eravamo in grado né di identificare, né di capire.

Si diventa più consapevoli quando si alza il livello della conoscenza: quindi, "consapevolezza" è una parola fondamentale che sta alla base di tutta la nostra vita. Si può cambiare, migliorare ed evolvere, ma fino a quando non diventi consapevole non puoi attuare un vero cambiamento, perché non sai su cosa devi effettivamente lavorare.

Sviluppare consapevolezza di se stessi significa aumentare la capacità di capirsi, ascoltarsi, conoscersi e di entrare in contatto con il proprio sé: ossia di auto valutarsi. In un certo senso, stabilire il valore di sé è importante per comprendere e stimare le nostre effettive possibilità, abilità, competenze in modo oggettivo e non soggettivo, sia in positivo che in negativo.

Quando si è poco o troppo oggettivi è difficile stabilire dove possiamo arrivare o dove sarebbe meglio non iniziare, previa l'acquisizione di nuove *skills*.

Attuare questo processo a livello lavorativo e aziendale è ancora più determinante.

Sopravalutarsi o sottovalutarsi, è un errore da evitare, in particolar modo quando si entra a contatto con altre persone: se non si "accetta" o non si "calcola" il punto di partenza di ogni facente parte del team, risulta complicato determinare come raggiungere gli obiettivi aziendali prefissati.

Chi si sopravvaluta crea danni a tutti i componenti, fa il passo più lungo della gamba, non si rende conto delle difficoltà reali, assume un comportamento incosciente e superficiale, nonché pericoloso, fa errori che danneggiano inevitabilmente gli altri, i quali saranno gli stessi che li dovranno risolvere. Si crea, insomma, una valanga sempre più ampia, difficile da contenere.

Chi si sottovaluta, invece, danneggia sé stesso, perché non sfrutta in pieno le proprie potenzialità, sentendosi spesso frustrato, perché non realizzato. Tenderà a limitarsi e considerarsi sempre "meno" rispetto le altre persone; difficilmente avrà lo stimolo a provare a fare le cose perché non si sentirà mai in grado mancando di autostima.

In entrambi i casi, in comune non hanno la capacità a valutarsi obiettivamente e a guardare se stessi così come in realtà sono. Applicare tutto ciò agli altri è molto più facile. Difatti, quanto siamo bravi a dispensare consigli e, invece, quando si tratta di noi stessi (magari anche nello stesso problema a cui abbiamo dato la soluzione perfetta all'amico) entriamo in una sorta di paranoia o vicolo cieco senza, spesso, capire cosa poter fare o meno di utile?

Beh, questo è umanamente comprensibile: non siamo coinvolti emotivamente in quella storia, anzi, proprio perché siamo distaccati è più semplice e immediato assumere un atteggiamento più realistico. Ma il *problem solver* che sfrutta l'intelligenza emotiva deve fare proprio questo: trovare soluzioni dove nessuno le vede, andando fuori dal problema, osservando con occhi diversi e dall'esterno la circostanza. Facendo cosa? Diventando, appunto, consapevole del proprio valore, superando l'eventuale poca fiducia che ha di sé.

Quando devi risolvere una situazione, superare un problema o una difficoltà e non ti senti all'altezza o di valere abbastanza, non stai attingendo a tutte le tue vere risorse. Tutti abbiamo un potenziale straordinario, indistintamente, delle forze e capacità, nonché resilienza che, fino a quando non impariamo a consapevolizzare, non esprimiamo al 100%.

Spesso, le tiriamo fuori solo in quei casi in cui siamo messi dinnanzi all'esigenza, spesso di emergenza reale: perché non svilupparle, capirle e comprenderle prima, in modo che diventino già parte integrante, oggi, del nostro "normale" modo di fare, senza dover aspettare la necessità?

Quando fai affidamento su te stesso, senti quella voce interiore che ti supporta, dicendoti: "Non ti preoccupare, potrai gestire qualunque difficoltà", dando un reale senso al tuo valore. Certo sempre contestualizzando tutto, senza mettersi i prosciutti sugli occhi, ma ti permette anche di progredire e osservare le cose in maniera diversa e proficua.

La consapevolezza è qualcosa inverosimilmente infinita e potrà sempre solo espandersi.

Una volta messa in moto la macchina, il livello non potrà che inesorabilmente aumentare e diventare maggiore, perché inizierai a "prenderci gusto" nel diventare più saggio, più attento, più sensibile e in grado di comprendere le situazioni, sia esterne che interne e di valutarle e affrontarle nel modo corretto. È come percorrere una strada che non ha una meta delineata, ma godersi ed entusiasmarsi in un viaggio infinito senza limite alcuno.

Questo ha il suo contro: rapportarti con molte persone, dopo sarà difficile, perché tu osserverai il mondo con occhi diversi. Non sarai migliore, ma differente: parlerai una lingua completamente diversa. Ricordati che la nostra società, la nostra Tv, la piaga dei social non sono fatti per renderci più informati e coscienti, anzi, per tenerci a un livello di pensiero, evoluzione e ragionamento piuttosto basso.

Non stimolano frasi, domande né riflessioni profonde; non aiutano a vedere cose che la maggior parte delle persone non scorge, né a ragionare in modo diverso, nè a imparare metodologie davvero utili. Acquisire conoscenza serve ad applicare e a generare risultati straordinari.

La padronanza delle informazioni, essere preparati e avere frequentato corsi non significa necessariamente sapere anche applicarle nella vita quotidiana e nell'azienda. Per poterlo fare, ossia mettere in campo la consapevolezza di sé, è necessario imparare la...

Gestione di sé.

In poche parole significa: fare, fare, fare. Prendere quella decisione che si rimanda da molto tempo, iniziare a muoversi, compiere le azioni indispensabili per ottenere quel risultato e agire, adesso.

Perché ora è importante farlo: consapevolmente hai capito che devi!

Le informazioni non servono a niente se non le metti in pratica, gestendo te stesso. Trasformare la conoscenza in azioni è la pietra miliare per arrivare agli obiettivi e risultati. Nella vita non conta quanto sai, ma ciò che fai con quello che sai: applica quello che impari e resta coerente e fedele nei comportamenti che metti in atto.

Consapevolezza degli altri.

Dopo aver visto la prima area dell'intelligenza emotiva su se stessi, questa è la seconda, quella in riferimento alle altre persone. È altrettanto importante, perché una vita di qualità è data da un lato dal coltivare la nostra persona, ma anche dall'altro, ossia dal tipo di relazioni che abbiamo e nutriamo ogni giorno. Non si può pensare di realizzare una vita gratificante se stai bene con te stesso, ma non con gli altri e, viceversa.

Confrontarsi con se stessi a volte risulta difficile, ma è altrettanto complicato comprendere, capire e conoscere le persone. Qual è quell'abilità che serve per entrare in connessione e acquisire consapevolezza degli altri? L'empatia, cioè la capacità di entrare nella testa altrui, nei loro panni e osservare il mondo come lo interpretano, dal loro punto di vista, non solo a livello d'intuizione, anche se sono molti diversi da noi.

Mettere da parte il giudizio, al secondo posto il nostro pensiero rispetto agli altri, significa svilupparla costantemente. Lo so, soprattutto quando l'altra persona la pensa molto diversamente in merito ai nostri valori, è difficile scindere i due pensieri, perché il nostro è giusto per noi.

Sarebbe più facile giudicare e puntare il dito. L'abilità sta proprio nell'entrare nella mente degli altri, in particolare in quelli più discordanti, capire le loro logiche, i bisogni, le motivazioni, le convinzioni e i condizionamenti.

È necessario sviluppare quella sensibilità di uscire dal nostro universo e accedere a quello degli altri. Abbiamo molte informazioni oggi, ma la nostra tendenza è andare poco in profondità, e voler affermare a tutti i costi la nostra verità, ascoltando poco, se non niente, gli altri, parlando e sovrapponendoci a tutti i costi con le nostre idee.

Per formare empatia è necessario prestare attenzione del prossimo che non vuol dire farlo solo a livello uditivo, cioè sentire le parole, ma creare un contatto sensoriale a tutti gli effetti, soffermandoci anche sullo sguardo, sul respiro, sulla postura o sul tono, quindi, l'osservazione anche del non verbale, essere a attenti a 360 gradi, attivare un tipo di ascolto sensibile, completo in tutte le sue sfaccettature.

Ascoltare di più e parlare di meno per capire, comprendere ed entrare in sintonia: attraverso la consapevolezza degli altri si potrà ottimizzare la…

Gestione dei rapporti e relazioni.

È l'abilità di aumentare l'intelligenza sociale nell'ambiente: ossia, entrare in contatto con le persone nel migliore dei modi. La maggior parte dei rapporti non è così idilliaca con tutti, anzi, ci saranno sempre, in ogni ambiente, elementi con cui la si pensa diversamente, che hanno visioni diverse, o che peggio ancora sono poco flessibili e che non intendono adattarsi, non tollerano le diversità, non sanno gestirsi, con i quali l'interazione è molto difficile, se non impossibile.

È faticoso e pesante averci a che fare perché tolgono energia (i così detti vampiri energetici). Cosa fare in questi casi, quando siamo "obbligati" a frequentarli? Sarebbe meglio potere scegliere di contornarsi di chi ha un QI emotivo alto, ossia persone che sanno creare rapporti buoni prima con se stessi (partendo dal presupposto di una consapevolezza molto forte di sé) e sanno gestirsi, poi, a cascata con gli altri, sia a livello di capire cosa è importante per il prossimo, attraverso l'empatia, che di conseguenza sanno coltivare buone relazioni.

Non siamo mai obbligati a stare con chi, al contrario, ha un QI molto basso, che sono deleteri, ci fanno stare male e che trovano problemi a ogni soluzione. Mai, perché comunque ne risentiresti personalmente. Se proprio è inevitabile starci a fianco, quanto meno sarebbe opportuno, imparare a non farsi condizionare, togliergli quel potere di non farti ragionare in modo lucido e permettergli di scatenare emozioni negative, andando a creare reazioni non congrue.

Ricordati che nessuno ha l'autorizzazione di fare questo, ma possiamo permettere di decidere come vogliamo stare emotivamente. Siamo solo noi i padroni dei nostri stati d'animo: bisogna imparare ad assumersi la responsabilità di gestire le emozioni a prescindere da chi ci sta attorno o da quello che succede e ci accade.

Non è l'esterno a determinare il tuo malessere o benessere, ma solo dal significato che tu attribuisci a quella persona o quella situazione, come scegli di viverla, come affrontarla e reagire, nonché imparare a governare la paura e a prendere insegnamento da quello che ci accade.

Le aree dell'intelligenza emotiva, quindi sono tutte e quattro necessariamente da portare a livelli sufficienti e, ancora meglio, ottimali, per ottenere il meglio da te stesso e dagli altri, nonché per creare la leadership e contornarsi di un team che lavori all'unisono per il bene aziendale.

Capitolo 3:
Livelli logici applicati alle aziende

I livelli logici di pensiero, in P.N.L., ossia la programmazione neuro-linguistica, sono lo strumento che aiuta ad analizzare e scomporre un sistema o un problema complesso. I processi mentali, e di conseguenza le strategie applicate nelle aziende, avvengono attraverso una serie di step, a livelli interdipendenti, esattamente sei, che vanno dall'ambiente all'essenza dello spirito imprenditoriale.

I livelli chiave dei fattori di successo sono estremamente rilevanti per l'evoluzione dei processi aziendali ma anche per quella di ogni singola persona. Grazie al mio lavoro, ho avuto la fortuna di sperimentare direttamente sul campo tutte le informazioni che i molteplici libri, in materia, esprimono teoricamente.

Quindi, in questo capitolo, non solo voglio soffermarmi alla semplice descrizione di tutti i vari livelli, che puoi trovare ovunque, ma andare oltre e applicarli nel contesto lavorativo. Ho descritto la formazione su di essi e la conseguente osservazione attenta, nelle dinamiche di gruppo e di ogni singolo, di cosa potesse cambiare precisamente nelle varie fasi interne, ma anche in quelle di transito da un livello all'altro.

La definizione principale di successo è l'abilità di far succedere le cose, immergersi nella sfida e accettare il cambiamento come processo di evoluzione e miglioramento.

I livelli logici sono stati raffigurati nella piramide che c'è di seguito.

Si tratta di uno dei migliori "modelli descrittivi" ottimamente riuscito nel campo della crescita personale.

Teorizzati da Robert Dilts, si basano sui livelli dell'apprendimento di Bateson (suo maestro) e seguono una struttura gerarchica dove il livello superiore influenza quello inferiore e viceversa.

Ecco la piramide.

Ciascun livello serve a individuare e a risolvere problemi legati a ogni aspetto, dare una struttura agli obiettivi preposti e generare cambiamenti e decisioni impattanti.

Oltre che interfacciarsi sul livello stesso è altrettanto importante cogliere anche le dinamiche di transizione da uno all'altro. Come un perfetto meccanismo che funziona, tutti insieme formano i comportamenti globali facenti parte della piramide. Molti pensano che sono determinanti solo in base alla graduatoria che occupano;

ad esempio, "spiritualità", perché in cima, sia più importante dell'ambiente, che sta alla base: niente di più errato.

È ampiamente dimostrato che sono tutti pari merito, se l'identità aziendale è coerente con i valori dei dipendenti, ma lavorano in spazi piccoli, bui, senza il dovuto ricircolo dell'aria o semplicemente non puliti, a cascata, i comportamenti degli stessi rispecchieranno quello specifico livello, un ambiente malsano, per l'appunto.

Devono interagire tra loro in perfetta armonia in base alle realtà vissute su tutti i piani, con la stessa importanza. La persona che ha un profondo livello spirituale ma vive in un ambiente poco funzionale, si comporta di conseguenza in modo non costruttivo, acquisisce delle credenze anche errate, fino a cambiare i suoi valori e le regole, diminuendo le capacità di azione in quel contesto, arrivando addirittura a minare la propria identità.

Diversamente, partendo da un ambiente in cui riesce ad acquisire comportamenti produttivi, agisce con delle nuove capacità, e quindi, è in grado di cambiare le sue credenze, perfezionare i criteri e le regole dei suoi valori, rafforzare la sua identità e passare a un livello successivo per uno scopo ben preciso più elevato.

Ecco una breve descrizione tecnica, così come esposta da Robert Dilts per ogni livello, per poi elencare alcuni casi reali trattati direttamente in diverse aziende durante i miei programmi di *coaching*.

Ambiente.

Il primo livello, alla base della piramide è l'ambiente fisico in cui gli individui e le organizzazioni agiscono e interagiscono in un determinato contesto. Le domande a cui rispondono i comportamenti sono: "Dove agisco? Quando? Con chi sono?". Determina il "dove" in cui si creano o meno delle opportunità e tutti i vincoli all'interno dei quali le persone operano.

Ad esempio, i locali dove s'incrociano i lavoranti con posizioni diverse e/o geograficamente differenti e/o culture varie. Vi rientrano gli uffici, la collocazione delle scrivanie, i capannoni delle fabbriche, la location dei macchinari, gli spogliatoi e ogni altro singolo elemento che all'interno di uno spazio delimita il luogo di operatività.

Questi fattori possono far emergere sia delle possibilità che aprono occasioni favorevoli, idee e applicazioni costruttive oppure, al contrario, possono diventare dei forti deterrenti. Nelle ipotesi di sfide molto importanti o di risoluzione di crisi aziendali, si potrebbero rivelare anche controindicati e per nulla idonei a trovare il bandolo della matassa.

Per questo è importante la cura dell'ambiente: negli anni si è dimostrata essere uno dei fattori più determinanti per il successo di un'impresa, siano essi i servizi igienici o gli uffici presidenziali. Ecco un esempio esplicativo di come l'ambiente influenzi il comportamento delle persone.

Nel 1969, il professor Philip Zimbardo dell'Università di Stanford, condusse un singolare esperimento di psicologia sociale.

Prese due auto identiche e le abbandonò per la strada in due posti molto diversi: una nel Bronx, la zona più degradata di New York e l'altra a Palo Alto, quella più ricca della California.

In poche ore l'auto nel Bronx fu saccheggiata e distrutta, mentre quella lasciata a Palo Alto, invece, rimase intatta. Fu facile attribuire le cause del crimine alla povertà del quartiere ma, tuttavia, l'esperimento continuò. Quando, dopo una settimana, l'auto di Palo Alto era ancora illesa, i ricercatori decisero di rompere un vetro. Il risultato cambiò drasticamente: furti e vandalismo ridussero il veicolo a un rottame, esattamente come nel Bronx.

Perché il vetro rotto in un'auto abbandonata in un quartiere tranquillo è in grado di innescare un processo criminale? Non fu la povertà, ma qualcosa che ha a che fare con il comportamento umano. Un vetro rotto in un'auto abbandonata trasmette un senso di disinteresse, assenza di regole e ogni nuovo attacco subito dall'auto ribadisce e fortifica quell'idea.

Successivi esperimenti hanno dimostrato che, se dopo aver rotto il vetro di una finestra di un edificio, non viene riparato, verranno presto frantumati anche tutti gli altri. Se una comunità presenta segni di deterioramento e questo sembra non interessare a nessuno, si svilupperà la criminalità subito dopo.

Questa teoria "delle finestre rotte" è solo un'ipotesi valida a comprendere la degradazione della società e la mancanza di rispetto per i valori della convivenza civile. La mancanza di istruzione e di formazione della cultura sociale, generano un paese con "finestre rotte". Un territorio dove nessuno è disposto a ripararle, presto incorrerà a vedersi distruggere anche tutte quelle che ci sono ancora intatte.

Dal racconto di Jordan-Griska.

Comportamenti.

Il comportamento ha come caratteristica le azioni materiali di un team o di un singolo individuo che compiono all'interno di un determinato ambiente. La qualità dei comportamenti intrapresi determina i risultati che si ottengono e di conseguenza permette loro di sviluppare nuove capacità.

Questo livello ha a che fare con dei particolari schemi di lavoro, soprattutto con l'interazione e la comunicazione nelle dinamiche di gruppo e di ognuno, fatte per il raggiungimento di obiettivi strategici. L'atteggiamento dei lavoratori, anche di realtà molto importanti, prendono la forma di una routine o abitudini costruttive o distruttive, dell'azienda stessa.

Per qualsiasi organizzazione i modi di fare sono assolutamente determinanti per la definizione di tutte le attività necessarie per creare fatturato e fornire i servizi allo scopo di centrare gli obiettivi. Questo è un livello di snodo principale nel mettere in pratica tutte le strategie aziendali e la formazione di chiunque risponda alla domanda: "Cosa faccio? Che cosa?".

È solo così che si riesce a osservare l'evoluzione o il degrado comportamentale, perché gli stessi determinano la soluzione dei problemi, lo sviluppo dei progetti e ogni altro approccio volto al positivo. In modo inverso, un team che va contro dovrebbe avere vita breve. Basta osservare cosa fanno e come lo svolgono, quello che dicono e la propensione a risoluzioni della quotidianità.

Chi compie azioni negative, critica, non agisce, si sofferma sul minimo indispensabile e sterile, trova problemi a soluzioni e non il contrario non è utile alla crescita aziendale. Ove, invece, vi è collaborazione, vi è interazione costruttiva, si ragiona per risultato, ognuno sprona con azioni la squadra, aiuta i colleghi ed esulta a ogni esito andato a buon fine, in ciascun passaggio verso l'obiettivo, si accederà a delle risorse sempre congrue agli obiettivi prefissati. Nelle aziende, metto sempre in guardia verso chi non applaude mai al successo dei pari. Far attuare, quindi, tutti quei cambiamenti correttivi volti al progresso comportamentale di ciascuno è un'azione da intraprendere al più presto.

E se ci dovessero essere "elementi" che trainano indietro? È compito di ogni imprenditore accudire la propria azienda come un "buon padre di famiglia". In tal caso ci si potrà provare a far loro cambiare rotta, ma, se la recidività fosse continuativa, allora… Del resto i frutti deteriorati in una cesta, intaccano anche gli altri.

Capacità.

Per definizione, racchiude le strategie e le competenze *(le skills)* con le quali un'azienda, un team o un individuo selezionano, in base ai propri comportamenti, in un determinato contesto il proprio operato. La percezione delle nostre capacità non corrisponde necessariamente alla realtà, ma è figlia delle credenze che abbiamo su di noi stessi.

Ogni volta che incrementiamo la qualità delle nostre abilità, generiamo nuove convinzioni che migliorano il livello di fiducia in ciò che siamo e che facciamo. La domanda a cui risponde questo livello è: "Come? Come lo faccio?". Infatti, come ho già detto, non conta solo l'esecuzione materiale, ma anche l'andare oltre e avere un'accurata attenzione per quello che si fa.

Le attitudini includono le strategie cognitive e le competenze come, ad esempio, l'apprendimento, la memoria, il sapere prendere decisioni e la creatività, che facilitano la performance di un comportamento o un compito particolare. Per quanto riguarda l'organizzazione, le capacità fanno riferimento alle infrastrutture disponibili per supportare la comunicazione, l'innovazione, la pianificazione e il processo decisionale tra i membri del team. Sono fondamentali per avere successo nel proprio ambiente.

Senza abilità appropriate non siamo in grado di rispondere adeguatamente ed efficacemente alle sfide e ai cambiamenti all'interno dell'azienda. È pur vero che il concatenarsi di scelte sull'ambiente e sui comportamenti, porta inevitabilmente a un'evoluzione anche delle *skills* di ciascun membro ed a un cambio di prospettiva che rende il singolo idoneo a scelte gestionali e decisionali molto più produttive.

Rendere congruo ambiente e comportamento facilita l'estrazione, a volte anche latente, di qualità che la persona magari non riusciva a esprimere in situazioni meno agevoli. Sicuramente un bravo tecnico, preparato, con esperienza, potrebbe fare la differenza, ma se lo stesso è immesso in un ambiente che non lo supporta, a dei comportamenti dei colleghi inappropriati, sarà difficile che possa dare il meglio di sé.

Al contrario, se lo stesso, ha un team forte alle spalle, un titolare che lo sprona, giocoforza un ambiente costruttivo e dinamico, farà di sicuro delle sue capacità, una preziosa risorsa sia per l'azienda, che per se stesso, anche grazie alla voglia di fare e migliorare.

Spesso, purtroppo, assistiamo a capi completamente incapaci di gestire le risorse umane, anzi riescono benissimo a tirar fuori il peggio dai propri dipendenti, che, avendo un enorme potenziale, se fosse espresso al massimo, riuscirebbe anche a cambiare le sorti di tutta la sua azienda.

Valori e convinzioni.

Ambiente, comportamenti, capacità sono anch'essi strettamente correlati. Si dovrebbero modificare nel breve periodo e sono solitamente frutto del "fare". Invece, convinzioni e valori, identità e spiritualità, sono connessi, piuttosto, "all'essere", e si deve prevedere di "sistemarli" e studiarli nel lungo periodo.

Valori e convinzioni forniscono la motivazione e le linee guida dietro alle strategie e alle capacità usate per raggiungere risultati comportamentali. La domanda a cui risponde questo livello è: "Perché?", ossia i motivi interiori per cui le persone fanno determinate cose, o svolgono quei compiti: la mappa che ci indica la via.

Tutti i nostri comportamenti sono condizionati dall'idea che abbiamo, su ciò che pensiamo di poter o di non poter fare, e su ciò che riteniamo giusto o ingiusto. Quello in cui crediamo determina direttamente l'efficacia dei nostri comportamenti e modella la nostra identità.

Le convinzioni possono essere di due tipi: limitanti e potenzianti.

Sono tutte quelle credenze che in modo più o meno consapevole, appunto, ostacolano o incrementano il nostro raggio d'azione e che hanno l'insidiosa caratteristica di rendere il processo di vivere più facile o difficile del dovuto.

Voglio assistere spesso alle riunioni interne dei miei clienti, come ascoltatore, per poi dare loro un preciso *feedback*. Mi serve per valutare e capire molti aspetti: difatti, osservando dall'esterno, riesco a dare la percentuale di riuscita anche prima che il risultato arrivi. Essere degli attenti ascoltatori è la prima regola per ogni buon titolare d'azienda nei confronti di tutto il personale e, in seguito, le parole usate, sistematicamente, guideranno le azioni degli stessi.

Quando tu, da leader, ti poni di fronte a un problema o a una opportunità con delle credenze limitanti, usi un linguaggio negativo che ne descrive lo scenario in quel determinato modo ("sì ma..." "è difficile...", "secondo me bleffa...", "è impossibile...", "è troppo facile...") e, per un processo prettamente neurologico, i componenti del team agiranno come se ciò a cui si crede fosse vero, anche prima che il tutto sia accertato. Quale pensi sarà il risultato?

In fase di diagnosi aziendale è una problematica che emerge nel 95% delle volte, così come chi ha successo, è perché ha una visione basata su credenze potenzianti. Sono consapevoli delle difficoltà da superare, delle crisi mondiali e degli sforzi da fare. Non è che vivano in un magico mondo fatato in cui è tutto facile e semplice, ma è pur vero che sanno che ci sono delle strategie e delle soluzioni per potere vincere e trasformare gli ostacoli in opportunità.

Uno degli scopi del *coach* è quello di supportare le persone nel realizzare i cambiamenti che desiderano davvero. Il modo migliore per farlo è aiutarle a diventare consapevoli di ciò che è importante per loro, di quali siano i valori e il sistema di convinzioni riguardo a ciò che è giusto o sbagliato, bene o male nella loro testa. Non vi è un concetto corretto o errato, è solo quello in cui si crede a esserlo.

Convinzioni e valori sono potenti e importanti, ci guidano continuamente. Tuttavia possono davvero risultare difficili da emergere, perché per la maggior parte del tempo operano "sullo sfondo", al di sotto della soglia della mente conscia. Una volta individuati possono essere usati come bussola personale per trovare la rotta giusta nel prendere le giuste decisioni per un obiettivo.

Identità.

"Chi sono?", ossia, chi si cela in cima all'organizzazione sopra il perché, il come, il cosa, il dove e il quando. L'identità include e trascende tutti i livelli precedenti e li integra in un'unica entità, quindi, la sua percezione organizza, a cascata, le convinzioni, le capacità, i comportamenti e il come si vive in quel determinato ambiente, tutto insieme.

L'identità è il ruolo e il marchio identificativo: la struttura profonda e i fondamentali principi organizzativi che aggregano tutti gli altri fattori di successo. L'immagine verso l'esterno influenza direttamente tutti i livelli sottostanti e determina l'integrità, ovvero la coerenza tra come ti vedi tu come imprenditore, i tuoi valori e i tuoi comportamenti e il modo in cui vuoi farti percepire.

Sembrerà strano, ma accade più di quanto si possa pensare che i componenti del team, compreso il titolare, operino in perfetta incongruenza con se stessi: sono quelle aziende che non hanno fondamentalmente identità. Tanto è vero che quando chiedo: "Chi è che comanda, cosa e chi?", le risposte sono le più disparate, perché non vi è una suddivisione netta dei ruoli.

Spesso, chi è al comando, non si rispecchia nelle sue caratteristiche di tutti i livelli e l'azienda non è congrua nella sua identità rispetto al focus del prodotto. Potrei andare avanti all'infinito fino ad arrivare al paradosso "l'azienda di nessuno". Rientrano quei casi in cui ci sono più soci, ognuno dedicato al proprio spazio senza avere né una visione sistemica dell'insieme, né sentirsi parte di una squadra per un unico fine.

I comportamenti caratteristici sono: mancanza di leadership, i dipendenti diventano i colleghi dei soci o dei manager a pari livello, gli addetti all'amministrazione la "sorella" o "fratello", non si sa chi ricopre cosa, e così via. Imprenditori si diventa solo quando c'è un allineamento equilibrato di tutti i livelli logici ed è su questo aspetto che spesso, non sempre, faccio lavorare i miei clienti, come punto di partenza.

Ciò permette di generare grande chiarezza sullo stato attuale, sullo stato desiderato, sulla definizione dei traguardi e delle azioni che caratterizzeranno il raggiungimento degli obiettivi.

Spiritualità.

La capolista, ossia la *vision* e le percezioni delle persone in relazione ai sistemi più grandi ai quali appartengono. Risponde a domande molto profonde: "Per chi?", "Per cosa voglio essere ricordato?", "Qual è il contributo che voglio trasmettere?", "Il motivo per cui sono qui?", "Chi voglio essere nel mondo?". Chiaramente, se legate all'azienda, questo fa sì che si attribuisca un significato e uno scopo alle azioni, alle capacità, alle convinzioni e all'identità imprenditoriale.

È lo spirito, lo scopo, ossia il livello trascendentale che mette al primo posto la propria missione di vita (anche aziendale), la partecipazione e l'appartenenza alla collettività.

Ora, dopo averne parlato in teoria, ecco un esercizio pratico, funzionale e concreto per allineare i livelli logici, uno strumento molto utile per raggiungere gli obiettivi aziendali prefissati.

Entra nello spazio "ambiente" aziendale e chiediti: "Quello che vedo, gli uffici il capannone, gli spazi comuni sono allineati a

quello che avrei voluto creare quando ho fondato l'azienda?".
Descrivili nel dettaglio sia nella realtà che in quello che hai
immaginato e osserva le incongruenze.

____

____

____

____

Di quali cose (o anche persone) potresti fare a meno e quali dovresti
addirittura eliminare, spostare o rendere migliori? Immagina di
vedere il tuo spazio ideale e quando lo fai e ci sei dentro comprendi
se provi delle emozioni produttive o meno. Cosa dovresti fare di
preciso? Che cambiamenti devi apportare? Dove e quando?

____

____

____

____

Passa alla casella "comportamenti" e chiediti: "Cosa devo fare io
per primo e tutti i miei collaboratori, per far sì che mi senta più
allineato possibile nell'ambiente lavorativo?". Esamina tutte le

persone e i relativi atteggiamenti reali e verificane la congruenza con quello che vuoi e desideri per la tua azienda.

____

____

____

____

Osserva come si muovono, cosa fanno, con chi, cosa secondo te va assolutamente migliorato fin da subito e nel futuro. Scrivilo qui di seguito.

____

____

____

____

Entra nella casella "capacità" e domandati: "Che capacità abbiamo e mettiamo in atto per sentirci che sia tutto più allineato? Quali dobbiamo sviluppare sia noi personalmente che loro? Come eseguiamo ogni singola operazione?".

____

____

Facciamo insieme un punto della situazione di quanto è stato fatto fino adesso: immagina di vederti con le nuove capacità acquisite, che creano determinati comportamenti in un ambiente di lavoro da te realizzato.

Come sei? Come sono? Quali sono le abilità che hai notato avere sia tu che loro? Quale altra capacità dovreste ancora sviluppare? Come vi sentireste? Cosa cambia intorno a te e a loro? Come vi relazionate? Come parlate? Cosa si è modificato davvero? L'ambiente attorno com'è?

Vai alla casella "convinzioni e valori" e chiediti: "Quali valori supportano le capacità e i comportamenti che vorrei venissero messi in atto nell'ambiente lavorativo? In cosa credo, quali sono le convinzioni che mi spingono? Ho acquisito doti da leadership per trasmetterle a tutti i componenti del mio team? Perché faccio quello che faccio? Da cosa sono guidato? Perché voglio realizzare tutto ciò? Cosa mi aspetto dagli altri?

____

____

____

____

Ora che le hai intercettate o ci hai ragionato: ce ne sono di nuove? Oppure altre vanno sostituite? In cosa credi davvero adesso rispetto a prima?

____

____

____

____

Cosa hai imparato di diverso da ciò che credevi prima rispetto a quanto credi adesso?

____

____

____

____

Fai un salto verso "l'identità" e domandati: "Chi sono realmente come imprenditore? Che obiettivo ho? In che modo voglio aiutare gli altri?".

____

____

____

____

Cosa di te miglioreresti o cambieresti in parte o del tutto? Come ti vedi? Come vuoi essere realmente?

____

____

____

____

Che azioni nuove farai? Come ti migliorerai?

____

____

Che emozioni nuove produttive provi? Come ti fa stare?

Chi sei adesso? Cosa credi di te?

Arriva in cima, fino allo "spirito" e chiediti: "Qual è il mio scopo aziendale? È al servizio di chi e/o cosa? Qual è il contributo che voglio apportare? A chi?".

Con questo esercizio, fino adesso hai fatto la "fotografia" della tua azienda (e in parte di te stesso) suddividendola in tanti pezzi, come in un puzzle, e classificandola nei diversi scalini dei livelli logici: ambiente, comportamenti, capacità, convinzioni, valori, identità e spiritualità.

A questo punto, è previsto che tu insieme a questi elementi, t'immedesimassi nella situazione "ottimale", ossia con tutto già compiuto e avverato, che provassi e vivessi le emozioni collegate a questa realizzazione e, partendo proprio dalla spiritualità, a ritroso, guardassi tutto quanto nella tua testa, come se fosse già realizzato, in ogni parte del puzzle.

Capisci anche tu che diventa difficile, se non impossibile, trasmettertelo, qui per iscritto. È per questo che ho creato un audio apposito con tutto l'esercizio completo di ogni parte.

Di sicuro, l'audio è molto più efficace delle parole scritte. Per averlo, mandami un'e-mail all'indirizzo:

<u>assistenza@succedeancheaimigliori.it</u>

Sarò ben lieto di inviartelo: fallo adesso.

Capitolo 4:

Prima parte: il marketing per ogni azienda

In questo capitolo e in quello successivo ho voluto racchiudere le più importanti nozioni che ho imparato dai miei maestri, a mio avviso, i migliori al mondo. Ho alternato e integrato le loro e le mie personali strategie sulle cose più importanti che un imprenditore deve sapere quando si appresta a lanciare o a rilanciare la sua azienda: le fondamenta su cui costruire tutto il sistema imprenditoriale.

Ho sempre osservato, da ancor prima che maggiorenne, da quando cioè ho iniziato con le mie attività in proprio, tutto quello che c'era alla base delle imprese di successo: come erano strutturate, come riuscivano a fare cose che altri neanche immaginavano, quali fossero le azioni, i pensieri e che carattere o approccio avessero le persone che le gestivano.

Sono stato sempre ossessionato da alcune domande: "Perché alcune hanno 10, 100, 1000 volte più successo di altre? Quali sono i loro "segreti"? Come fa una società a scalare le classifiche di fortune?". E così, per rispondere ai miei stessi interrogativi, ho studiato, studiato, e ancora studiato.

Tutto quello che segue è una breve panoramica delle strategie e dei concetti che ti permetteranno di raggiungere livelli altissimi. Sono articoli e informazioni presi dal blog di Frank Merenda e Jay Abraham. Li ho selezionati tra i tantissimi disponibili; diciamo che sono le principali "cose da fare", dal mio punto di vista, da mettere fin da subito in pratica.

Frank Merenda è un imprenditore e divulgatore che ha travolto come un tornado l'intero tessuto imprenditoriale, dal 2013 in poi, attraverso le sue lezioni di business, grazie a una mentalità aperta a 360 gradi sul marketing e sulla vendita professionale.

Jay Abraham è un dirigente d'azienda, oratore di conferenze e autore americano. È noto per il suo lavoro nello sviluppo di strategie per il marketing di risposta diretta negli anni '70. Nel 2000, Forbes lo ha elencato come uno dei primi cinque *coach* esecutivi negli Stati Uniti. Insieme a Frank Merenda, suo allievo, negli ultimi anni, ha diffuso le migliori strategie presenti sul mercato. Questi sono i temi che ho selezionato:

- leva per la crescita esponenziale;
- ottimizzazione delle singole azioni;
- valutare dal "di fuori", con l'occhio critico;
- visione a imbuto vs. visione a tunnel;
- marketing e innovazione;
- la strategia della preminenza e della focalizzazione;
- tre fattori per far crescere un business: nr. clienti x spesa d'acquisto x nr. di volte;
- i 12 pilastri basilari per la tua azienda.

Leva per la crescita esponenziale.

Quasi tutto quello che fai ha una leva infinitamente maggiore, che può essere utilizzata per far crescere i risultati in modo esponenziale. La stessa persona, il capitale, il cliente, possono produrre di più, se ottimizzati, per ottenere maggiori esiti e prestazioni. È necessario quindi, creare una crescita geometrica verso l'alto, non costante e lineare: ottimizzare il risultato a fronte di minimi sforzi, spese, tempo e rischi, aumentandone la leva.

Ottimizzazione delle singole azioni.

Sfrutta e spremi al massino tutto ciò che stai già facendo, quotidianamente, a tutto tondo: gli addetti alle vendite, gli annunci, chi ti chiama, il passaparola, le telefonate, il servizio clienti, ecc. Analizza, esamina, perfeziona, e sulla base di queste ricostruisci la tua organizzazione: fino a quando non "rompi" gli schemi che hai utilizzato fino ad oggi, o che non hai mai intrapreso, non potrai scomporre e migliorare tutti i processi e le loro prestazioni.

Ecco alcune domande in merito, ad esempio, alla vendita:

- quanto stai riuscendo bene nel creare annunci di *lead generation,* ossia per l'acquisizione clienti?

- Le diverse categorie sono allineate? Una è più performante delle altre? Quali sono le differenze? Quali tenere?

- Com'è la vendita rispetto ai diversi prodotti o servizi? Quali sono quelli che funzionano maggiormente? E quelli che non si vendono? Vale la pena investirci tempo, denaro, risorse, spazio in magazzino e nei cataloghi o è meglio focalizzarsi ancora di più su quelli che, invece, sono il tuo *core business,* soprattutto coerenti con la tua focalizzazione o specializzazione?

- Hai prodotti ai quali puoi aggiungere in *up selling* un servizio o, al contrario, servizi a cui puoi abbinare altro, senza perdere rigorosamente il focus?

- Puoi creare dei pacchetti di *cross selling* con articoli o prestazioni di aziende con le quali hai stipulato delle alleanze e delle collaborazioni commerciali, invece che fare *line extension?*

- Come stai servendo le diverse aree geografiche?

Valutare dal "di fuori", con l'occhio critico.

Il passo di prima non puoi compierlo se osservi solo l'interno dei reparti della tua azienda fino a quando non esamini e valuti tutte le opzioni e le opportunità più efficienti dal di fuori. Muoviti all'esterno del tuo settore, prendi in prestito i processi, il pensiero e gli approcci di successo da altri diversi dal tuo.

Perché, se tutto ciò che fai è solo cercare di monitorare e di emulare come si stanno muovendo e quello che già stanno facendo i tuoi competitor, ti stai limitando alla crescita incrementale e affidando a quella lineare. Non esiste il settore differente, il business particolare, il cliente "esigente", il tipo di prodotto o del servizio indifferenziato; nemmeno la zona critica.

Il vero imprenditore è colui che sa uscire e vedere altro, proprio per prendere e portare nel proprio business tattiche e strategie che ancora non sono utilizzate dagli avversari dello stesso settore, e ottimizzarle fino a renderle come proprio cavallo di battaglia per creare un modello di business solo suo.

Corri il rischio, anzi la quasi certezza, se non cambi rotta, di creare aziende, clonate, pari pari a quelle altrui (dei tuoi genitori, dei concorrenti, del tuo ex capo, ecc.), con gli stessi sistemi di vendita e acquisizione clienti, promozioni e fidelizzazione, servizio e soddisfazione.

Usa le diversità degli altri business per arricchire il tuo, analizza ed esplora i casi di un successo già reali e veritieri sul mercato. Abbi sempre l'apertura mentale e la giusta grinta per imparare e permettere alla tua azienda di fare il salto di qualità che merita.

Visione a imbuto vs. visione a tunnel.

È un processo su cui Jay Abraham fa focalizzare molto l'attenzione: la maggior parte delle persone trascorre il proprio tempo solo nel suo orticello, senza arricchirsi e affinarsi. La visione a tunnel è dritta, unidirezionale e rigida, quella in cui plagi e fai esattamente tutto quello che fanno i tuoi concorrenti più aggressivi o di successo. A imbuto, invece, prevede di conoscere modi diversi e, anzi, migliori ed efficaci, con diverse prospettive.

Prendere "in prestito" processi già affermati all'esterno del tuo mercato ti consente di risparmiare tempo sulla curva di apprendimento e, di conseguenza, risorse, tempo, denaro, e ancora più importante, quel fattore realmente differenziante.

Se sei la prima e unica azienda a introdurre nel tuo campo approcci di vendita, distinzioni strategiche e sistemi operativi, che sono punti di forza per altri, ma che nessun altro nel tuo campo ha mai considerato o sperimentato prima, stai sicuro che, come piacevole effetto positivo, batterai i tuoi avversari.

Questo ti distinguerà in modo così potente e preminente nel tuo mercato che, in pratica, riuscirai a dominarlo e a possederlo, anche se sei più piccolo, sei partito dopo, hai inizialmente meno capitali, sei in una zona meno florida o di passaggio, ecc. Trovare una singola strategia di acquisizione e vendita che non venga ancora usata nel tuo ambito e focalizzarti su di essa, potrebbe portarti, di fatto, a creare una nuova categoria anche senza variare i prodotti o i servizi che vendi.

Marketing e innovazione.

Questi sono i due strumenti più potenti che hai a tua disposizione. Devi essere focalizzato e impegnato nelle scoperte che permettono di ingegnerizzare i tuoi processi. Per innovazione non intendo necessariamente un'alta tecnologia applicata, anche se può esserlo, ma portare maggiori vantaggi per il cliente, che li percepisce e li valorizza come tali.

Le prime a essersi posizionate nella testa dei clienti con i loro prodotti tendono anche ad essere le aziende che introducono le più consistenti e rinnovate innovazioni che può essere il più banale, il più mondano, il meno tecnico valore aggiunto che si possa immaginare. Inoltre devi ambire ad avere un business che possa funzionare anche senza di te e, per farlo, devi disporre sin dall'inizio di eccellenti politiche, procedure e piani.

La tua azienda dovrà essere già progettata a monte, in modo che applicando tutte le strategie di marketing, possa trovare il maggior numero di clienti, con il massimo potere d'acquisto, ossia aumentare il prezzo medio di ogni vendita e il numero di acquisti.

L'azienda italiana, in genere, ha il limite di essere fondata e organizzata al contrario: passa da momenti nei quali si impreca perché c'è poco lavoro a momenti nei quali avere quattro o cinque clienti nuovi, che arrivano tutti insieme, mandando in tilt tutta la produzione.

Se è costruita male, con basi poco solide e a "collo di bottiglia", riuscirai sì, da una parte, ad attirare con il marketing tanti clienti, ma dall'altra, rischia di essere sprecato, poco utile, o fatto in malo modo, se non sei ben predisposto.

La strategia della preminenza e la focalizzazione.

È un nuovo modo di guardare al rapporto che hai con il tuo mercato. Significa vedere e posizionare te stesso, la tua azienda, e tutti i membri dell'organizzazione, come il punto di riferimento definitivo: un vero e proprio consulente di fiducia rispettabile ed esperto. Tu hai la responsabilità e l'obbligo di consigliare alle persone ciò che è nel loro migliore interesse, avendo a cuore solo questo: dare loro il miglior risultato, sia a breve che a lungo termine.

Cosa significa all'atto pratico? Non accettare o permettere ai tuoi clienti di comprare meno del dovuto e con frequenza inferiore rispetto a quanto dovrebbero, offrire prodotti o servizi con qualità inadeguata. Al contrario, non prendere un ordine solo perché sono predisposti a comprare; non manipolare mai e sii sempre e solo concentrato sul fatto che più valore percepito aggiungi, più successo avrai.

Pensare a loro, a considerarli come persone, non come semplici "clienti" da spremere. Se per te sono questo e basta momento, devi cambiare atteggiamento e rapporto, trasmettendo il tuo ruolo come a quello di un esperto competente, che ha a cuore solo ed esclusivamente il loro benessere. Cerca la parola "acquirente" e "cliente".

"Acquirente" è qualcuno che acquista un bene o un servizio, "cliente" è chi è sotto la cura e la protezione di un altro. Il problema più grande che osservo nelle aziende che aiuto, e nella maggior parte di quelle che studio, è che si innamorano della cosa sbagliata. Pensano costantemente alla vendita, al qui ed ora, senza alcuna attenzione a costruire un rapporto di fiducia, a risolvere un problema ed a dedicarsi con sincerità alla soluzione anche per il futuro.

Lottano esclusivamente per il singolo contratto, per il centesimo, e che perdono, ovviamente e sistematicamente, fino a quando non cambiano la mentalità che punti, invece, al bene del prossimo. Non assumendosi in alcun modo la responsabilità di quanto accaduto, si ritrovano a "piangere" sul latte versato, incuranti che è solo la spiacevole conseguenza del proprio operato.

La via per la grandezza e la crescita, oggi, consiste nel trasferire la tua passione lontano dal tuo prodotto, dal tuo servizio, dalla tua azienda e, invece, innamorarti del cliente.

Se tutto quello su cui ti concentri sta costantemente nella direzione di rendere i tuoi clienti più ricchi, migliori, produttivi, redditizi, piacevoli e straordinari, hai trovato la chiave di volta.

Se li farai sentire davvero tutelati e protetti a prescindere da cosa il tuo prodotto o servizio fornisca effettivamente, riuscirai a dominare il tuo settore di attività, perché i tuoi concorrenti non guardano ai loro potenziali clienti in questo modo, avendo il focus su un'altra direzione.

Pensano a se stessi, ad avere l'azienda più grande, la macchina da sfoggiare, il successo (finto) da ostentare, ecc… di conseguenza, non ci arrivano ora né ci arriveranno mai perché non sono realmente interessati dei loro clienti, ma solo di stessi e dei propri risultati, peggio ancora esclusivamente economici.

Dovrai provare lo stesso amore anche per la squadra di persone che è lì con te, a produrre i tuoi beni o a distribuire i tuoi servizi. Devi desiderare la loro grandezza ed evoluzione, ed essere consapevole che tu sei il veicolo per portare ricchezza e sicurezza sia a loro che alle rispettive famiglie. Devi immaginare che i figli stanno per andare all'università grazie a te e che la loro vita sta per essere arricchita, sempre per merito tuo.

Proprio come con i tuoi clienti, devi desiderare di farli prosperare e migliorare. Se non riesci a visualizzare questo, stai perdendo solo il tuo tempo. Fidati, questa è la legge del mercato suprema e superiore a tutte le altre. Inoltre, la strategia di preminenza si trasforma: è il concetto più liberatorio, più coinvolgente e più appassionato che tu possa abbracciare.

Il modo più rapido ed efficace per diventare un punto di riferimento nel tuo settore, senza disperdere energie inutili, rimane quello di focalizzarti e specializzarti. È molto difficile diventare leader per qualcuno se continui a voler essere "tutto per tutti" e a prendere qualunque tipo di ordine. Anzi, a dirla tutta, è proprio questa tendenza a mettere in difficoltà i flussi di cassa della tua azienda.

Se entri in un circolo vizioso in cui meno vendi, più estendi la gamma di prodotti o servizi nella speranza di vendere di più, perdi a poco a poco il punto di forza ad essere il riferimento per i clienti e ovviamente vendi, ancora meno, ritrovandoti collassato, facendo la lotta al prezzo, dalla quale ne esci perdente.

Ti ritrovi nella situazione del famoso cane che si morde la coda. Preso dal panico, cominci a fare offerte continuamente e ad abbassare i prezzi, oppure a tenerli più alti della concorrenza senza assolutamente alcun motivo evidente, portando la tua azienda sull'orlo del baratro. La focalizzazione ti permette, invece, di essere non solo percepito come esperto e punto di riferimento, ma di esserlo davvero.

Se non sei focalizzato creare uno staff commerciale più performante della media in molto meno tempo, risulterebbe difficile: infatti, non è pensabile creare procedure e manuali se hai un catalogo di prodotti e servizi pressoché infinito.

Ma se restringi il campo, chiunque vorrà lavorare con te e, se è un minimo intraprendente, riuscirà in breve tempo a padroneggiare tutti i segreti e le sfumature dei tuoi prodotti e servizi, mettendone in risalto con maggiore chiarezza i vantaggi rispetto a ciò che propone la concorrenza, proprio perché sono pochi e differenziati.

Tutto questo si tradurrà con più numerose vendite e più alti margini per te. Se poi, come nota aggiuntiva, riuscirai a creare a tua volta uno staff non solo focalizzato, ma in grado di innamorarsi davvero dei tuoi clienti, avrai un enorme impatto nel tuo mercato di riferimento. E, per staff, intendo tutti. Tutti, come già detto altre volte: dalla centralinista alle donne delle pulizie che, ad esempio, accolgono i clienti con il sorriso, cortesia e gentilezza, sia al telefono che dal vivo.

Ciascuno lavori per te, deve essere abituato a diventare sensibile e preparato a dare il proprio contributo all'azienda. Per essere preciso, mi riferisco anche all'autista che esce dall'azienda per le consegne, al magazziniere, che è a contatto con i trasportatori, alla segretaria che risponde al call center, al tecnico che segue direttamente i clienti, ecc.

Anche a queste persone bisogna assolutamente dare motivazione per farle appassionare e far capire che sono proprio loro i primi a vendere e a dare una percezione collettiva di importanza e carisma all'azienda.

Questo ventaglio ricopre dalle cose più banali alle più importanti: dalle parole che usano, dal tono di voce, dalle promesse fatte e non mantenute, dal divulgare opinioni mai chieste, dall'ascolto sincero del cliente, dal modo di dire "no non si può" o "non e possibile" (a volte con prese di iniziative che neanche fanno parte del loro rischio aziendale e neanche autorizzate), ecc.

Ad esempio, il magazziniere che mentre carica i camion dei clienti o dei trasportatori non può trasformarsi in analista contabile esperto di mercato. In un team è importante che nei vari ruoli ognuno faccia la propria parte e solo la sua.

È necessario che abbiano cura in ogni passaggio delle merci e dei servizi che arrivano ai clienti: accoglierli, prendersi cura di loro, risolvergli un problema e far sì che escano dal cancello meglio o più soddisfatti rispetto a come sono entrati ed avere premura di accompagnarli ringraziandoli sinceramente e dargli un caloroso "arrivederci".

Tre fattori per far crescere un business: nr. clienti x spesa d'acquisto x nr. di volte.

La maggior parte delle persone accrescono il loro business in modo incrementale e lineare, perché si concentrano solo sull'acquisire più clienti. Ma se ti dedichi sia sull'aumento di valore della transazione che sull'intensificare la frequenza di acquisto di ogni singolo acquirente, potrai far crescere le tue entrate e il reddito del 100%, del 200% o anche di più.

Se lavori in contemporanea su tutti e tre i fattori, aumentandoli anche solo del 10%, la potenza della geometria ti sosterrà. Ecco un esempio pratico: se hai 1.000 clienti attivi con un ordine medio di 100 € a volta, e se hanno comprato due volte l'anno, hai un reddito annuo di 200.000 €.

Ora, aumenta ciascun valore del 10%, ossia il numero dei clienti, il valore della transazione e il numero delle transazioni per cliente. Moltiplica i tre numeri in questo modo: 1.100 clienti x 110 € x 2,2 nr. di volte di acquisto l'anno = 266.200 € di reddito.

Il tuo fatturato è aumentato da 200.000 € a 266.200 €: in pratica, il

33%. E se aumentassi gli stessi fattori, contemporaneamente, del 25%, arriveresti a raddoppiare il fatturato con 390.625 €.

Non male, eh? È solo questione di pura geometria.

Il tuo obiettivo è, quindi, quello mettere in atto sistemi che sosterranno e faranno prosperare la tua attività in modo geometrico, in modo da ottenere un valore di gran lunga superiore al mero aumento del reddito, degli utili, dello stipendio o dei dividendi che il pensiero lineare produce. Fatti queste tre domande:

- come posso incrementare il numero di clienti? Con quali mezzi?
- Come faccio ad aumentare la spesa di ognuno? Cosa offro in *up sell* o in *cross sell?*
- In che modo li posso far tornare più volte l'anno?

Domande semplici, ma dannatamente efficaci.

Una considerazione, di sponda. Come acquisisci i tuoi clienti? Non dirmi, ancora con la vendita diretta, porta a porta o in telemarketing. Cioè, detto più semplicemente, ancora attraverso i "rappresentanti" che vanno in giro bussando alle porte e bruciando gomme dell'auto e gasolio?

Oppure, peggio ancora, con telefonate a freddo dei venditori interni o call center esterni, che bombardano la gente mentre mangia o cena che non sanno nulla dell'azienda, dei prodotti, dei servizi o delle soluzioni proposte? Non voglio crederci. Gli stessi soldi li puoi investire in azioni molto più efficienti e produttive. E per finire: non crederai ancora alla favola del fatidico passaparola? Certo utile, ma non devi basarti solo su questo.

Quando faccio *coaching* nelle aziende, il mio approccio è con procedure di monitoraggio minuziose: è da queste che si può capire quanto effettivamente si possa ottenere in più, grazie anche solo a una singola opportunità, a uno sforzo o ad un miglioramento.

In fase di diagnosi mi accorgo fin dal principio di quelle realtà che hanno soltanto necessità di un semplice incremento o di perfezionare alcuni dei processi di acquisizione e/o vendita rispetto a quelle che non conoscono nemmeno e mai hanno applicato nulla del genere.

In realtà, le attività e i settori sono "diversi" solo dando uno sguardo superficiale, finché appunto non ti soffermi, rendendoti conto che tutti lavorano in maniera enormemente indifferenziata, troppo uguale a quella dei concorrenti.

Pensa a cosa significherebbe per un negozio, un ristorante, una gelateria o un bar avere, ad esempio: l'aggiunta di un canale di acquisizione clienti che porta il 10% di clienti in più l'anno (come un sito – non vetrina- , le Facebook Ads, o LinkedIn, ecc.), un commesso o un cameriere in grado di alzare l'ordine medio dei clienti del 10% incentivato anche da premi di produzione e infine un sistema di gestione clienti (anche automatizzato con un CRM) che porti i clienti a tornare il 10% di volte in più su base mensile o annua.

Come vedi, le possibilità sono infinite ed esponenziali, basta solo accedere al pensiero laterale. Da Wikipedia: "Con il termine pensiero laterale, coniato dallo psicologo maltese Edward De Bono, si intende una modalità di risoluzione di problemi logici *(problem solving)* che prevede un approccio particolare, ovvero l'osservazione degli stessi da diverse angolazioni, contrapposta alla tradizionale modalità che si concentra su un'unica soluzione diretta al quesito".

La linea retta prevede il ricorso alla sola logica sequenziale, risolvendo il problema partendo dalle considerazioni che sembrano più ovvie. Invece, il pensiero laterale se ne discosta (da cui il termine *laterale*) e cerca punti di vista alternativi per trovare la soluzione. Aggiungo personalmente: a volte anche la più efficiente.

I 12 pilastri basilari per la tua azienda.

Questi che trovi di seguito sono le colonne portanti da inserire assolutamente nella tua strategia da adesso in poi:

1. posizionamento;
2. identificare e scoprire costantemente i beni nascosti della tua azienda;
3. vittorie inattese, mensili;
4. costruire successo in ogni azione che compi o decisione che prendi;
5. fonti multiple di utile;
6. creare valore reale per i tuoi clienti;
7. ottimizzare la leva personale;

8. networking, masterminding, brain storming;

9. essere un generatore di idee;

10. pensare in grande;

11. inversione del rischio;

12. effettuare prove.

Vediamole nello specifico, una ad una.

Posizionamento.

Significa essere diverso, distintivo, speciale, unico e vantaggioso agli occhi dei tuoi clienti. Il concetto di "posizionamento" non consiste più semplicemente nell'avere un vantaggio rispetto ai tuoi concorrenti, ma essere davvero e identificarti nella soluzione ottimale per la tua nicchia di riferimento. Avere la strategia o l'opportunità praticabile per il problema o il desiderio che le persone stanno cercando di affrontare.

Devi essere molto raffinato in ciò, proprio perché il mercato è saturo, di ogni cosa, è straboccante di scelte: devi riuscire a focalizzarti e a diventare la prima scelta che compare nella mente dei tuoi clienti, quando pensano alle soluzioni che fornisci o ai problemi che risolvi. La competizione è agguerrita, ma ora hai gli strumenti su cui perfezionarti al meglio.

Identificare e scoprire costantemente i beni nascosti della tua azienda.

Ognuna ne possiede, dalle opportunità alle attività insoddisfacenti, dalle relazioni sottovalutate alle risorse non sfruttate al 100%, o il capitale intellettuale inespresso. Fino a quando questi fattori non vengono monitorati, esaminati e scovati, e, non si estraggono su base continuativa i dati, non si ottimizzeranno mai le performance reddituali o il profitto delle prestazioni.

Vittorie inattese, mensili.

È molto importante, dal punto di vista psicologico, ottenere e festeggiare i trionfi per le conquiste nel breve termine: serve a capire che tu e anche la tua squadra siete sulla strada giusta. Non devono essere grandi vittorie, ma impegnati per avere ogni mese un "colpo di fortuna", un successo inaspettato in qualsiasi area, sia esso proveniente dal mercato o dalla strategia oppure dalla vendita. Importante è averlo come obiettivo da perseguire mensilmente, a prescindere dalla "fortuna", che sappiamo benissimo non esiste. Progettalo e pianificalo, deve solo sembrare un caso agli occhi della tua squadra o dei concorrenti.

"Sono un grande credente nella fortuna, e ho scoperto che più lavoro duro, più ho fortuna." Cit. Thomas Jefferson.

Costruire successo in ogni azione che compi o decisione che prendi.

La maggior parte delle persone è reattiva e non pragmatica. Non utilizzano logica, né sono strategiche. Sono reattivamente tattiche, ed è la cosa peggiore del mondo. Devi imparare a fare un respiro profondo e riflettere, ad essere molto più sistematico e globale nel modo in cui guardi tutto quello che sta succedendo nel tuo mondo. Prima di prendere una decisione qualunque, chiediti: "Questa cosa è coerente con la focalizzazione della mia azienda?", "Lo è con il messaggio di marketing che voglio lanciare?".

Vedo costantemente imprenditori e grandi aziende commettere sbagli davvero grossolani: guardare alla concorrenza e reagire stupidamente, senza motivo alcuno a ciò che vedono fare agli altri, estendere la linea dei prodotti e servizi, incassando poco e creando, al contempo, un danno immane all'immagine aziendale.

E ancora: lanciare nuove linee di prodotti sotto lo stesso marchio ledendo il brand principale, solo perché anche gli altri fanno così, inserire nuovi venditori quando ancora i precedenti non hanno migliorato la *lead generation,* abbassare o alzare i prezzi senza un reale motivo, decidere di chiudere un giorno della settimana o per ferie che non potrebbero assolutamente neanche permettersi solo perché si è sempre fatto così, senza alcuna logica commerciale e di responsabilità.

A fronte di tali azioni o di scelte frettolose ci saranno risultati a fine mese o anno per i quali non si possono attribuire colpe o meriti al mercato. Prima capisci che devi fare il contrario di ciò che fa la concorrenza, rimanendo fedele alla tua focalizzazione e alla tua strategia, prima prospererai.

Fonti multiple di utile.

Devi costruire il tuo business su una base costituita da più fonti di profitto, invece di dipendere da una singola di guadagno. Perché crescere in modo incrementale o lineare se si può crescere geometricamente e in modo esponenziale con lo stesso tempo, sforzo e capitale?

Lascia che la geometria lavori per te: non è 2 + 2, ma 2 x 2 x 2, ossia operare con tre fattori diversi, o più, insieme. Devi creare processi continui e arrivare al risultato grazie a più fronti.

Creare valore reale per i tuoi clienti.

Significa creare valore vero e concreto sulla base di ciò che i tuoi clienti definiscono essere importante per loro, non per te. In più, valorizzare dipendenti e collaboratori per ottenere assoluta fedeltà.

Ottimizzare la leva personale.

Devi ottenerla da ogni azione, investimento, impegno di tempo o di energia. È un concetto semplice, ma se non hai questo tipo di approccio indelebile nella tua mente, devi assolutamente concentrarti per riuscirci.

Networking, masterminding, brain storming.

Devi avviare queste procedure con le persone che la pensano allo stesso modo: guidate dal successo, provenienti dal di fuori del tuo settore, che possono condividere con te prospettive, esperienze di vita reale e consigli.

Se guardi a tutti i grandi uomini d'azione, puoi scoprire che hanno alleanze geniali, punti di riferimento e comitati consultivi. Scelgono mentori per continuare a imparare e *coach* che spaziano su tutto lo scenario della formazione nazionale e internazionale, in diverse aziende e non il guru che si rivolge a una sola area.

Se sei un imprenditore solitario, se non confronti il tuo punto di vista con quello di altre persone, se ti relazioni solo all'interno del tuo settore con persone che fanno il tuo stesso mestiere, è molto difficile che tu riesca a trovare idee avveniristiche per migliorare esponenzialmente ciò che stai facendo: sono queste che servono per fare la differenza.

Essere un generatore di idee.

Trasformarti in un innovatore riconosciuto all'interno del tuo settore ti permetterà di passare da essere un micro-imprenditore a diventare il leader nel tuo mercato di riferimento, a condizione che ti sarai distinto e focalizzato a sufficienza, tanto da creare una nuova categoria grazie alle tue "rivoluzioni".

Pensare in grande.

Fai del pensare in grande una parte naturale della tua filosofia di business di tutti i giorni: sembra semplice e scontato, ma pochi nella realtà lo fanno. Non puoi semplicemente "esprimerlo" a parole: devi farle seguire dai fatti e da azioni concrete. Chiediti sempre: "Questo serve realmente per agevolare, contribuire e realizzare la mia crescita oppure no?". Se la risposta è negativa, abbi il coraggio di abbondonarlo: resta fedele e coerente, sempre.

Inversione del rischio.

In Italia, dove non c'è la certezza del diritto, l'incognita è sempre tutta sulle spalle di chi compra. In ambito commerciale, le aziende si devono mettere nella condizione di rimuovere la paura che il cliente ha di fare un acquisto sbagliato, di essere truffato, di comprare qualcosa che non si adatti perfettamente a lui, che gli dia dei problemi o che lo porti a litigare con qualche altro membro della famiglia, con un collega o con il capo.

L'inversione del rischio si basa proprio su questo, ossia sul concetto di garanzia: far provare senza impegno, quando è possibile, far fare un *"test drive"* del prodotto o del servizio, dare gratuitamente il prodotto per un mese, e, laddove non sia attuabile in toto, concederlo almeno per una parte.

Promettigli che se non dovesse essere soddisfatto gli ridai i soldi, glielo rifai, gliene dai uno nuovo o diverso. Cerca di dare rassicurazioni reali e concrete quando il cliente è dubbioso di fronte all'acquisto. Un buon venditore, addestrato alla vendita consulenziale, può individuare facilmente "l'obiezione finale" e risolverla non a parole, ma offrendo una garanzia che tranquillizzi definitivamente l'acquirente.

Ovviamente, il venditore deve lavorare per un imprenditore intelligente che sia consapevole dell'importanza dell'inversione del rischio, per aumentare il fatturato e non promettere mari e monti irrealizzabili, né troppo costosi, nè non fattibili.

Effettuare prove.

Ogni iniziativa di marketing va testata: non ti puoi affidare ciecamente a una strategia che non hai mai collaudato a sufficienza né saltare da una all'altra, senza prima aver ottimizzato quella precedente. Quando utilizzi piccoli "esperimenti" sicuri, elimini rischi pericolosi e passi falsi costosi. Sarai ispirato e spiritualmente animato dall'entusiasmo, mettendoti continuamente alla prova, sperimentando e provando, nonché aumentando il valore di ciascuna per te e la tua azienda.

Capitolo 5:

Seconda parte: il marketing per ogni azienda

Anche in questo capitolo ho inserito alcuni principi e strumenti da tenere sempre sul comodino, a portata di mano, appresi da Frank Merenda e Jay Abraham. Alcuni sono riportati in maniera fedele, altri li ho integrati con la mia esperienza ed i miei pensieri.

Nella prima parte ci sono le caratteristiche che ogni imprenditore deve acquisire in merito alla sua mentalità nell'approcciare qualunque tipo di azienda. Nella seconda, ho inserito alcune tattiche che puoi già inserire nel tuo piano marketing, ossia dei "segreti" da applicare alle attività al dettaglio, come piccoli esercenti, bar, ristoranti, saloni, parrucchieri, ecc.

Parte prima: mentalità vincente.

Ci sono alcuni fattori legati alla mentalità, che ritengo siano molto importanti, sui quali è necessario riflettere. Per impostare e raggiungere i tuoi scopi più alti è opportuno che tu sia in grado di riconoscere il procedimento per realizzarli.

Molti hanno obiettivi, ma pochissime persone decodificano la sequenza sistematica delle semplici azioni necessarie per arrivare a quel risultato prefissato: è utile e indispensabile sviluppare un processo per superare in modo efficace gli ostacoli che, fisiologicamente, si presenteranno.

Lottare contro le sfide è solo uno spreco, una perdita di tempo, risorse, denaro ed energia: superarle, risolverle, eluderle è la mentalità in cui devi entrare. Ecco, una ad una, tutte le caratteristiche di una mentalità vincente:

- attitudine positiva;

- perseveranza;

- integrità ed etica;

- visione e processo;

- reinvestire;

- gestire il tuo nuovo successo;

- restituire;

- successione.

Attitudine positiva.

Abbandona l'atteggiamento negativo: non puoi lasciare che il tuo pessimismo ti blocchi. Evita di fare di tutta l'erba un fascio e approccia le sfide con il giusto comportamento.

Il problema è che quando siamo abituati a fare delle generalizzazioni del mondo in cui viviamo o della concorrenza che non conosciamo, o sul mercato di cui non sappiamo le precise e reali dinamiche, succede che riduciamo drasticamente l'abilità di percepire quello che c'è intorno a noi. Perdendo la sensibilità di farlo, ci porta inevitabilmente alla falsa percezione di non averne alcuna necessità e non diamo spazio alla creatività.

Le persone pur di non affrontare o fare ciò che non gli è familiare, preferiscono scappare, trovare scuse o raccontarsela così bene da giustificare le azioni contrarie, sapendo anche, inconsciamente e in cuor loro, che sono sbagliate.

Quando hai la passione e la visione di ciò che è possibile, quando ottieni il sistema, la politica e i processi, gli iter e constati quanto prevedibilmente, pragmaticamente, in sequenza e velocemente puoi farlo, tutta la tua mentalità cambia inevitabilmente. Ma il primo passo e il giusto approccio sono il punto di partenza.

Devi credere che funzionerà, ma ci saranno anche delle avversità. La verità è che queste sono un'opportunità. Quando sai che con ogni fibra del tuo essere stai andando a massimizzare e ottimizzare tutto quello che farai, è più facile raggiungere gli obiettivi e realizzare in concreto i tuoi obiettivi.

È molto importante sganciarsi dal concetto motivazionale del semplice: "Ho il pensiero positivo, ci credo tanto tanto" e del: "Bisogna e basta crederci". Essere ottusamente positivi non ha mai aiutato nessuno. Sono la concretezza, l'azione, la programmazione e la tenacia a fare la reale differenza: là fuori ci sono già tutti gli strumenti, le procedure, le risorse, i metodi e i sistemi che ti servono per far prosperare la tua azienda.

Se oggi non le conosci tutte, come è normale che sia, devi sfruttare, appunto, il tuo atteggiamento per metterti perennemente a caccia di ciò che, una volta acquisito, ti permetterà di fare il salto. Inoltre, mantieni l'atteggiamento costruttivo anche davanti ai piccoli fallimenti, ai test che non funzionano e agli intoppi: sai che, a forza di provare e ottimizzare, la strada per il successo è assicurata.

È, insomma, una sorta di comportamento basato non sulla convinzione che: "Io penso positivo, quindi le cose andranno bene", ma piuttosto qualcosa di molto concreto, magari terra-terra e assolutamente pragmatico, concreto e valido.

Perseveranza.

Anche nel marketing devi impegnarti a portare avanti le tue strategie con perseveranza, anche in caso di avversità. Devi essere pronto a fare tutto il necessario, sempre e costantemente, per risultare il vincitore.

Il problema della maggior parte degli imprenditori è che parte in quarta, studia male il terreno di gioco, punta tutto sul primo "attacco frontale" e, se questo non funziona, si demotiva, invoca la crisi e alza quasi subito la bandiera bianca. Ecco qualche esempio di quello che non devi fare.

Stai aprendo un'azienda e i tuoi concorrenti hanno una forza vendita di decine di rappresentanti, con brand forte e con più storia, testimonianze e casi di successo. Ti vien voglia di emulare la stessa strategia e ti butti completamente nella *lead generation online,* anche se quella nicchia è presidiata da altri competitor più solidi e meglio posizionati anche su Google, con competenze migliori, con più risorse, ecc.

Se hai un ristorante, un'attività di commercio al dettaglio, un negozio, scegli la *location* più bella possibile, gli arredi più costosi e vistosi in circolazione: vuoi combattere contro locali che hanno un giro di clientela storico da anni, una posizione che ormai è diventata conosciuta, un fortissimo passa parola.

Ecco come morire ancor prima di nascere: sbagliare strategia, partire copiando le strategie e le armi della concorrenza avendo meno denaro, meno uomini, meno risorse.

Potresti, invece, prosperare se diventassi un maestro del marketing strategico, passando per terreni che i competitors storici ignorano o che non considerano favorevoli, come ti ho già anticipato nel capitolo precedente.

Integrità ed etica.

Per ottenere i massimi benefici dalle azioni di marketing, devi distinguerti e operare al più alto livello di etica, di integrità e di assoluta veridicità. Se ti abbassi a quello che ha la maggior parte delle persone nel mondo di oggi, non farai mai la differenza.

Non diventerai mai predominante agli occhi dei clienti e non emergerai. Se operi invece con maggiore moralità possibile, conquisterai i clienti, attrarrai i collaboratori migliori e loro resteranno con te, soprattutto quando avrai i sistemi giusti corretti e perfezionati.

Essere particolarmente integri presenta anche un altro lato della medaglia che devi essere in grado di prevedere, controllare e gestire visto che, soprattutto in Italia, il livello di diffidenza da parte della clientela è elevatissimo.

I potenziali clienti, quando comincerai a promuoverti, in alcuni casi ti esamineranno: all'inizio rimarranno semplicemente a guardarti incuriositi, per settimane, mesi e, a volte, addirittura anni, ma poi ti controlleranno e verificheranno la tua coerenza, tra parole e fatti.

E ancora di più, "insistentemente" e morbosamente quando dovranno affidarti i loro soldi.

La gente non è buona, cara e coraggiosa, né animata da grandi ideali. L'imprenditore medio italiano è così in difficoltà, ignora talmente tanto le corrette strategie di acquisizione, che quando gli capita un eventuale cliente gli si butta addosso e accetta qualunque tipo di ordine e condizione, purché firmi.

Per lui non è importante che poi la sua azienda sappia realmente consegnare il prodotto o servizio come promesso, sia specializzata in quello, abbia le persone, le risorse, i margini giusti, i macchinari adatti, ecc., ma solo di accaparrarsi l'ordine e iniziare a fatturare. In questo scenario le parole ricorrenti diventeranno: problemi, ritardi, non conformità dalle richieste iniziali, insoluti e così via.

Tutto questo a che livello di etica e di onestà si posiziona? Stai certo che il passaparola (drammatico), in questi casi, non si farà di certo attendere. L'unico modo per emergere onestamente in una marea di aziende approssimative, che operano proprio come ho sopra descritto, è rimanere fedeli e onesti sotto tutti gli aspetti.

È necessario farlo anche sapendo che agli inizi sarà tutto in salita e rendere credibile il tuo brand basato sulla lealtà e, a volte, la mera schiettezza. Trasmettere serietà e rispettabilità: ecco un fattore differenziante di cui pochissimi si curano. Il motivo è che ci vuole molto tempo, non si possono bruciare le tappe, avere molta pazienza anche per reperire testimonianze e *case history* di clienti davvero soddisfatti.

Visione e Processo.

La visione che dipingi per la tua azienda ti deve permettere di vedere esattamente la sequenza degli eventi, verso la crescita esponenziale e il tuo successo. Averla è inutile se non hai il procedimento esatto per arrivarci. Non basta crederci e tutto come per magia si realizzerà e diventerà meraviglioso. Non funziona così, anzi al contrario.

Sappiamo benissimo che saranno più le difficoltà rispetto ai momenti di gloria. Ma quando sei spinto con passione verso un sogno, verso un credo così forte, nessuno ti potrà fermare. La visione per un imprenditore deve essere basata sui sistemi di marketing che lo porteranno a realizzarsi in modo esponenziale.

Non basta dipingere il proprio quadro, scrivere gli obiettivi su un foglio, essere solo fortemente convinto, connettersi emotivamente con il proprio "Io" per ottenere un'azienda prosperosa. Questo è solo il principio di base della "legge di attrazione": bisogna poi rendere concreto tutto quanto. Come? Adottando e mettendo in pratica un sistema di marketing che guidi ogni tua azione e ogni passo verso la meta.

Servono strumenti di marketing uniti a una visione: uno senza l'altro non serve a niente. È come se, ad esempio, io so che voglio andare dall'altro lato della stanza. Posso contare e dire: "Sono in tutto 23 passi". Dopo averne fatti due: "Ok, mancano solo 21 passi". Dopo tre, 20 e così via.

I passi immaginali come gli strumenti, l'obiettivo, invece, di giungere dall'altra parte della camera, la visione. Ad ognuno di questi diventa sempre più vicina: questa è l'unica vera magia di avere una visione supportata dal marketing strategico. E quando sarai arrivato, ti porrai altri obiettivi stimolanti.

Reinvestire.

Devi essere disposto ad affrontare anche molti rischi come imprenditore. Non a fare cose insensate e pericolose, ma investimenti calcolati nel tuo futuro. Reinvesti una parte importante delle tue entrate in marketing, in modo da fare considerevoli salti in avanti.

Grazie a nuove persone, più marketing, più sistemi di vendita, acquisire più contatti e inviti per trovare nuovi clienti, hai la concreta possibilità della crescita esponenziale. Rimettere in gioco i tuoi guadagni, investendo strategicamente e sistematicamente, è fondamentale per il tuo successo.

Non focalizzarti su capannoni, nuovi uffici, nell'arredamento o macchine perché ti risuonano di più, in quanto beni tangibili.

Concentrati piuttosto su questo concetto: l'azienda è il marketing. Il marketing è l'azienda.

Acquisire clienti e convertirli in contratti con la vendita è vitale: ecco il motore che va costantemente potenziato.

Se dirotti tutto in case a uso personale, in nuovi uffici sempre più grandi e lussuosi in sedi galattiche o, peggio ancora, alzare fin da subito il tuo stile di vita, investendo quasi niente in strategie di vendite, fallirai in men che non si dica. Non spendere, invece, per agevolare e ottimizzare il lavoro dei dipendenti, dei collaboratori e dei venditori, è più che naturale che poi alla fine questi vadano via. Dopo: chi lavorerebbe ai prodotti? Chi andrebbe a vendere?

La gente non abbandona mai le aziende, ma titolari o persone "egoisti". In particolare, quelli che non immettono un solo centesimo per dargli modo di farle crescere, dare loro nuovi strumenti e facilitare i compiti, soprattutto i più gravosi. Questo è il prezzo che pagherai se pensi solo alle cose materiali, invece che al benessere di chi ti sta attorno e produce per te.

Te lo ripeto: reinvesti tutto nel marketing, per anni e senza voltarti mai indietro e, quando rialzerai la testa, avrai costruito un impero. Il tuo impero. Soprattutto se l'azienda è tua, rimani con i piedi per terra: prima di tutto il marketing, te lo assicuro. Non aver paura.

Il cielo non cadrà. Il mondo non sta per crollare.

In realtà, la condanna e il fallimento vanno solo verso coloro che rimangono bloccati nello *status quo* di paradigmi vecchi stampo. Devi essere e diventare risoluto nell'imparare dagli errori degli altri e, anche, investire nella formazione e/o nell'affiancamento di *coach* professionisti. Questo ti farà risparmiare soldi, tempo, anni e disagio emotivo. Ti catapulterà e spingerà avanti di tanti livelli e gradini davvero velocemente, solo se t'impegnerai a farlo. L'unica cosa della quale devi avere paura è la tua ritrosia a crescere, a cambiare e ad evolvere.

Oggi in Italia la situazione socio/burocratica è veramente pesante, è inutile negarlo. Chi fa impresa è un vero e proprio eroe, considerando tutti i presupposti e lo scenario duro in cui viviamo, ha delle difficoltà da affrontare che una volta erano assolutamente sconosciute.

L'unico modo per contrastarle non è combatterle di petto, ma attraverso l'utilizzo di strumenti così semplici, ma spesso ignorati o sottovalutati. Come:

- aumentare le tue competenze imprenditoriali;
- affinare le tecniche di marketing per acquisire clienti;

- avere il coraggio di aumentare i prezzi;

- inserire venditori capaci;

- far spendere di più, più volte e con più margini ai clienti.

Tutti gli altri problemi non scompariranno di certo, ma diverranno meno rilevanti. Un imprenditore deve dedicare il 99% del suo tempo a pensare a come:

- fare più clienti;

- acquisire più lead spendendo meno;

- convertire più lead in contratti;

- alzare i margini;

- evitare costi inutili;

- dominare la sua nicchia;

- posizionarsi meglio dei concorrenti;

- inserire più venditori;

- formarli al meglio…

… e il residuo 1% a lavorare nell'azienda. Sì, solo l'1%. Ricorda la piccola, ma sostanziale differenza di lavorare per l'azienda e non nell'azienda. Impara ad automatizzare e a delegare più processi possibili: il tuo compito non è fare consegne, rispondere al telefono, occuparti della produzione, ossia svolgere tutti quei lavori che attraverso le giuste procedure puoi e devi far svolgere ai tuoi sottoposti. Il tuo compito principale è quello di supervisionare e controllare che tutto venga svolto e che siano raggiunti gli obiettivi. Solo questo.

Gestire il tuo nuovo successo.

È cruciale imparare a gestire il tuo successo, e in particolar modo, ricordati sempre come lo hai ottenuto e da dove vieni. Se l'azienda sta nascendo grazie al tuo lavoro, non dovresti pensare, come va tanto di moda: "Devo capire come ottenere rendite automatiche e andarmene a mollo in spiaggia". Non funziona così. Piuttosto, cerca di apprendere a come renderla autonoma e il tempo che riesci a trovare, investilo per crescere ancora.

In spiaggia ci vai se sei nato nella famiglia giusta, ti regalano le rendite dell'azienda che hanno costruito le generazioni passate e se hai la capacità di non sperperare tutto al vento. Ma se parti da zero, un'azienda vera è come un bambino, tuo figlio. Più è piccola, più è neonata, più ha bisogno di cure e di qualcuno che, soprattutto, se ne prenda cura con passione e amore.

Devi esserne innamorato, così come del tuo lavoro, dei tuoi lavoratori, e della visione che hai per il futuro di tutto e tutti. Solo quando avrai vissuto nel modo giusto la tua missione imprenditoriale, quando l'azienda, esattamente come un bambino che diventa uomo, sarà pronta per "andarsene di casa" e andare avanti senza di te, lo saprai.

Ma se nel mentre cambierai come persona e le tue priorità, comincerai a spendere eccessivamente in giocattoli, in cose che servono solo a soddisfare il tuo ego e non contribuiscono alla crescita del tuo progetto aziendale, come una pianta che non viene curata e annaffiata, la tua azienda sarà destinata a morire.

Restituire.

Devi saper restituire agli altri. Allo stesso modo, si spera, in ciò che le persone stanno dando a te, vale sia per i clienti che per i tuoi collaboratori. Investire in marketing è il primo regalo che puoi far loro: prima delle vacanze, delle giornate libere, dei viaggi premio, degli incentivi, che devono esserci, ma che non sono la reale e l'unica priorità.

Sì, agire con un "marketing corretto", alleggerisce il lavoro di tutti:

- rende l'acquisizione clienti più facile;

- la vendita sarà più agevole per i tuoi uomini;

- diventerà più semplice gestire i clienti per il tuo ufficio, perché quelli in target e qualificati sono i migliori;

- il marketing giusto attirerà clienti che pagano meglio e non faranno impazzire la tua amministrazione.

La ricchezza, prima di poter essere redistribuita, va prodotta.

Successione.

È il processo per ottenere che altri individui ti trasmettano i loro segreti di successo meglio custoditi, le strategie e le filosofie, in modo che tu possa, ancora una volta, accorciare i tempi per una maggior affermazione. La successione si fa innanzitutto cercando chi è in grado di trasmettere il suo sapere, consapevoli delle procedure esatte che hanno attuato.

Appoggiarsi sulle spalle di chi ha già risolto centinaia di volte i problemi che oggi hai tu, è una scorciatoia di inestimabile valore. Focalizzati sulla necessità di frequentare persone che possano farti da guida, che hanno già percorso determinate strade e, soprattutto, al contempo creati un gruppo dei pari. Una cerchia che non sia composta da amici e parenti, che sì, importanti nella nostra vita, ma che mancano di visione imprenditoriale, a meno che non lo siano (questo è scontato).

I grandi del marketing lo sono diventati, non ci sono nati, così come tutti gli imprenditori dall'enorme successo. Ciò richiede disciplina, un sistema preciso e un piano altamente strategico da sviluppare e da seguire. L'ho già detto, ma in questo frangente è utile ripeterlo: è necessaria la mentalità molto diversa da quella che tutti i tuoi concorrenti utilizzano.

Se vuoi far crescere il tuo business, guadagnarti un vantaggio competitivo decisivo, attrarre nuovi clienti in massa e raddoppiare fino a moltiplicare i tuoi profitti, allora devi sviluppare il più possibile la creatività, l'attenta osservazione, l'umiltà di provare e saper sbagliare, eliminare ciò che non serve e tenere quello che rende.

Parte seconda: "segreti" da applicare alle attività al dettaglio.

Quelli che troverai qui si seguito sono vere e proprie "lezioni di marketing" che si possono applicare anche ad attività al dettaglio, piccoli esercenti, bar, ristoranti, saloni, estetisti, parrucchieri, ecc.

Esistono molti modi, anche per il classico negozio già affermato in centro città, per vendere di più ai clienti esistenti e per procurarsene di nuovi, desiderosi di spendere. L'unico problema per i negozianti al dettaglio, ossia possessori di micro-business è che non si percepiscono come responsabili per portare nuovi lead verso la propria attività e soprattutto di vender loro il più possibile, spronandoli a tornare ripetutamente.

Se tu fai parte di questa categoria di esercenti che si spacca la schiena dalla mattina alla sera, spesso solo per essere vessati di tasse e guadagnare nemmeno il giusto e l'onesto, mentre vedono la clientela assottigliarsi, diminuire, comprare o spendere sempre meno, hai bisogno di cambiare marcia, anche velocemente.

Chi apre un ristorante, solitamente ha qualcuno in famiglia che sa fare da mangiare e prepara buone pizze. Ha la malsana idea che:

"Se cuciniamo bene, chiediamo il giusto prezzo e trattiamo bene i clienti, la voce si spargerà e le persone continueranno a venire sempre di più". Cucinare bene, chiedere il "giusto" prezzo e trattare "bene" i clienti non hanno nulla a che fare con le tue chance di avere successo.

Attento, non sto dicendo che devi offrire cibo di scarsa qualità, avere prezzi assurdi e non offrire un sorriso a nessuno. Anzi, oltre a queste, che sono semplicemente le basi e non "l'idea del secolo", come quasi tutti pensano, devi diventare anche un esperto di marketing e vendita e non di cucina.

Ti basti pensare che ci sono locali dove i cibi non sono eccelsi, i prezzi sono ingiustificatamente alti, eppure devi prenotare settimane o mesi prima.

O ancora: hai presente quei saloni da parrucchiere "unisex", dove non si capisce realmente per chi siano i servizi proposti, l'ambiente vira terribilmente verso il "sono uguale a ogni altro parrucchiere in città" e sia gli uomini che le donne si sentono a disagio quando condividono lo stesso spazio mentre vengono serviti?

Ecco, un altro errore fatale. Da che mondo e mondo uomini e donne, tanto per citare un palese imbarazzo, parlano dello stesso argomento? Da quanto ne so, le donne prediligono il gossip e gli uomini il calcio, creare un locale "unisex" con l'idea del "più possibilità ho, più posso guadagnare", significa sottoscrivere il contratto per il fallimento assicurato.

Anche se tagli bene i capelli, al prezzo giusto e sei gentile, pensi che diventi un posto piacevole che i clienti sceglierebbero per trascorrere il proprio tempo? Oltre queste cose già sbagliate in partenza, un altro punto è che chi ha una piccola attività al dettaglio, si sente un "tecnico", uno che "lavora con le mani" e non con la testa, quindi occuparsi della vendita pensa non sia compito suo.

Se la gente non entra più nel tuo negozio, fai prima a dire che è colpa del governo, che c'è la crisi, che la gente non ha più soldi, piuttosto che prenderti le tue responsabilità. Sì, lo so anch'io che è vero che a livello macro-economico il governo lascia il tempo che trova, c'è meno denaro in giro e la crisi esiste. Ma c'è un "problema" (in senso ironico) di fondo, su cui voglio farti riflettere: il denaro non è sparito dal mondo.

Sta semplicemente passando di mano (non dalle tue, purtroppo) e tu a livello di economia individuale, se vuoi intercettarlo, devi diventare un esperto di marketing e vendite. Questa è la principale regola a cui devi "sottostare", se non vuoi chiudere i battenti a breve.

Devi sentirti e farti percepire come un esperto di vendita e preoccuparti di creare un sistema che porti persone nel tuo negozio o nel tuo salone, che le invogli a spendere sempre di più e tornare nel tempo. Devi decidere o delegare e passare la mano a chi sa fare il lavoro tecnico o manuale al posto tuo, mentre tu ti dedichi a sviluppare strategie che fanno prosperare la tua attività.

Non puoi essere contemporaneamente il "proprietario" e il commesso del negozio, se vuoi uscire dalla crisi o addirittura fare il salto di qualità. Ogni minuto che passi dentro la tua attività a "sporcarti le mani" (non dico che questo non sia onorevole) stai letteralmente donando ai tuoi competitor i tuoi eventuali clienti. Sì, perché, ti ripeto, le persone non stanno non spendendo, non lo stanno facendo presso di te. Questo è l'essenziale passo obbligato da compiere: creare un sistema automatizzato per aumentare i i clienti, vendergli di più e fidelizzarli anche se quello che fai, il lavoro "artigianale", ti piace e ti reputi bravo. Potrai continuare, ma a condizione che tu abbia già costruito basi solide e che il farlo sia per piacere e non per il dovere di fare quadrare i conti.

Come capirlo se stai sbagliando? Semplice, fatti questa domanda: "Posso smettere di stare dietro il bancone quando mi pare e l'attività va avanti comunque?". Se la risposta è "no", ci sono dei problemi. Dei grossi problemi. Il marketing, come imprenditore lo devi assolutamente conoscere, non è un qualcosa che puoi delegare senza criterio e senza sapere quello che stai facendo. Trova un target, servi quello, crea la tua differenziazione e punta tutto su questa.

Target.

Non puoi attirare i clienti alto-spendenti facendo i saldi o il sottocosto, offrire tutto a tutti, affiliarti a gruppi di acquisto che puntano al risparmio. Devi vendere al solo tuo target mirato e trovare i modi di individuarlo e colpirlo con le giuste strategie di vendita. Se continui a pensare che la gente voglia solo il prezzo basso e ti offri a chiunque, non ti stai posizionando.

Così facendo non puoi diventare esclusivo sul mercato, ma peggio ancora, potresti galleggiare per un po', ma poi nella guerra del prezzo, c'è sempre chi può permettersi il "ribasso" e non sarai di certo tu a vincere.

Ora, voglio darti 5 strategie "lampo" davvero utili, ma altrettanto dannose, se non le applichi, dall'efficacia immediata per mettere la tua attività fin da subito sulla giusta strada.

- Costruisci la tua lista di clienti una volta per tutte.
- Colleziona biglietti da visita, contatti Facebook e/o Instagram e altri Social.
- Fai gioco di squadra.
- Scrivi un articolo per il quotidiano locale, o meglio: impara l'arte del copywriter.
- Usa testimonial.

Costruisci la tua lista di clienti una volta per tutte.

Offri ai tuoi clienti un *coupon* sconto e la possibilità di ricevere altre offerte speciali o regali esclusivi via mail registrandosi alla tua lista. Dai ai tuoi commessi e/o collaboratori 50 centesimi per ogni nome, indirizzo ed e-mail inserito correttamente. Pensi siano troppi? Sappi che acquisire un'e-mail su Facebook con le Ads a pagamento, arriva a costare anche 2 euro ogni *lead.*

Incentiva chi follemente pensa che rispondere al telefono sia da semplice centralinista o, chi svolge il lavoro, sia un mero e banale tecnico esecutore: sono, invece, le persone chiave, che possono e devono raccogliere dati, fare *up sell* o *cross sell,* in quanto sono a diretto contatto con i clienti.

Da loro dipende molto: faglielo capire e motivali a dare sempre di più, anche economicamente. Seleziona drasticamente chi lavora "per" te e non "co" te, insegnagli ad acquisire quei nomi o a conquistarsi il primato di super venditore o procacciatore di moltissimi clienti.

Un negozio medio o un'azienda possono collezionare in un paio di mesi una lista di 1500 persone in target per un costo irrisorio di 750 €, che il tuo collaboratore sarà lieto di ricevere come "bonus". 750 € ti possono fruttare 10 volte tanto, se a quei clienti ti decidessi di vendergli quello shampoo in più, quel dolce in più, quelle maglie con l'offerta in "2x1" in più. Scatena la tua fantasia, osserva gli altri negli svariati settori cosa fanno, modellali, prova sempre con il massimo dell'energia e creatività.

Colleziona biglietti da visita, contatti Facebook e/o Instagram e altri Social.

Metti un contenitore, tipo boccia dei pesci sul bancone e invita i clienti, che ne posseggono uno, a lasciare il loro biglietto da visita per partecipare all'estrazione mensile di un premio. Se non ce l'hanno fagli scrivere il contatto di Facebook, Linkedin, Instagram, YouTube o quello che vogliono, basta che siano contattabili da qualche parte.

Non badare a spese, metti in palio qualcosa che faccia venire voglia di vincerlo e non un semplice proforma, fatto tanto per essere fatto. Raccogli i nomi delle aziende e invia bonus e promozioni "di gruppo". Se hai un ristorante invita la direzione per un pranzo offerto, al fine di discutere una convenzione aziendale.

Spremi il cervello, usa più inventiva possibile. Se hai un'azienda fai un evento, interessati a mandare al tuo cliente un paccone che parla, racconta di te e di chi sei diventato. Invitali a metterti alla prova, dagli la facoltà di un "angolo d'attacco" per renderli fedeli successivamente.

Fai gioco di squadra.

Crea possibilità di *cross selling* con altre attività correlate. Sii curioso di studiare cosa c'è dietro un cliente, chi frequenta, chi sono a loro volta i suoi acquirenti, che competitor ha, fatti presentare ad altri suoi compratori (lì ci arrivi già con la porta aperta e la vendita è in discesa perché deriva da un risultato già ottenuto).

Realizza buoni sconto e promozioni coinvolgendo altri esercenti interessati. Ad esempio, se hai un negozio di tappeti, fai *cross selling* con impresa di pulizia e/o con il venditore locale della Folletto e viceversa. Se hai un bar, fai *cross selling con coupon* con un ristorante e viceversa. Insomma: passatevi i clienti. Se hai un'impresa di ristrutturazioni fai *cross selling* con Leroy Merlin: potrebbero segnalarti ogni cliente che richiede dei montatori esterni per qualsiasi manovalanza.

E ancora, hai un'impresa che fa tondini per carpenteria?

Al posto di stare a centellinare i centesimi sui preventivi fai *cross selling* con i migliori studi di ingegneri. Ricorda: *cross selling* vuol dire anche applicare un sistema esclusivamente *"win to win"*, ossia dove a vincere dovete essere in due.

Invia delle lettere di presentazione e contatta diversi esercenti e potenziali clienti, fissa appuntamenti per telefono, investi un po' del tuo tempo. Sì, spesso dovrai convincerli anche solo ad ascoltarti perché, se sono come te, sono convinti di non aver mai tempo di fare nulla e sono troppo impegnati. Ma nient'altro come queste attività potrà realizzare il tuo, il vostro vero utile. Convinci qualche collega della bontà delle tue idee e scambiatevi opportunità, entrambe le attività ne otterranno grande giovamento.

Scrivi un articolo per il quotidiano locale, o meglio: impara l'arte del copywriter.

Diventa, come ti ho detto, un esperto di marketing, quindi anche del *copywriting* a risposta diretta: vendere attraverso le parole scritte su articoli, blog, Social, libri, ecc., non importa il dove. Scrivi ovunque quelle informazioni preziose al tuo pubblico potenziale. In gergo tecnico si chiamano *"advertorial"*, cioè sono un misto tra un articolo informativo vero e proprio e pubblicità per la tua azienda, in parte come questo libro.

Non far scrivere l'articolo da un *copywriter* del giornale e non chiedere a nessuna agenzia "marketing", che non sa farlo per te. "Scrivere per vendere" è quello che serve a te e devi impararlo tu personalmente. Nel caso tu lo voglia delegare devi capire se è scritto bene. Per questo è una *skill* da assimilare e apprendere.

Alla fine di ogni scritto rimanda i lettori a un link dove possono ricevere un qualcosa di interessante, uno sconto presso la tua azienda o il tuo negozio, come ad esempio una consulenza gratuita, una pizza gratis, un *check* sullo stato della loro pelle o dei capelli. Insomma qualcosa di valore che possa invogliarli a registrarsi e a fornirti i loro dati.

Non devi usare una pubblicità fatta da chi ti vende gli spazi o da un'agenzia creativa, ma un *advertorial,* capisci la differenza? Contatta, ad esempio, il tuo quotidiano locale chiedigli se e quando hanno quelle si chiamano "rimanenze" e di chiamarti ogni volta che ne hanno.

Succede tutti i giorni, proprio così: continuamente i giornali devono andare in stampa senza aver completato tutta la pubblicità disponibile, e se tu hai qualcosa di pronto da consegnargli, sono disposti a darti spazi "last-minute" che puoi negoziare sino all'80% di sconto. Ma ricorda: annunci a risposta diretta. Per te che sei un'azienda o attività locale e "ogni giorno è quello buono" per fare marketing, questa è la manna dal cielo. Esci dalla tua area di comfort e parla con la gente: non stancartene, mai.

Usa i testimonial.

Il tuo marketing è molto più efficace se oltre a ciò che scrivi hai delle persone e clienti disposti a lasciare la loro testimonianza per te; *l'optimum* sarebbe filmarli nel tuo negozio mentre riportano quanto siano stati soddisfatti. In questo modo puoi usare il filmato online e "sbobinare" il parlato per riportarlo sul marketing "scritto" che pubblichi in giro.

Non devi essere timido, prendi qualche cliente storico e semplicemente chiediglielo. Il fatto che tornino da tempo nella tua azienda significa che sono soddisfatti di ciò che fai. Magari qualcuno è riservato, ma troverai chi sarà disposto ad aiutarti, anche senza video ma con una testimonianza scritta e autorizzata.

Offri come ringraziamento in cambio della testimonianza un bonus, una cena, un trattamento gratis, o qualunque altro bene o servizio. Spremi le meningi e fai in modo che diventi la tua ossessione trovare clienti, vendere di più e costantemente a quelli esistenti, farli tornare e utilizzare sempre più strumenti possibili che ti offre il fantastico mondo del marketing.

Capitolo 6:
Le 7 cause del fallimento aziendale

In questo capitolo affrontiamo insieme il più grande nemico di ogni venditore. No, non sono i competitors, anche se ricoprono un ruolo determinante durante il "piazzamento" della tua azienda sul mercato. Contrariamente a quello che si crede, non è nemmeno il prezzo troppo alto dei propri prodotti o servizi rispetto a quello di altri. E, a dirla tutta, non è neanche la così tanta temuta "crisi". E allora, forse porsi obiettivi troppo ambiziosi? Nemmeno questo.

È la "concorrenza scorretta o sleale" che, pur di fare *cash flow,* vende sottocosto sperando che passi la tempesta prima di affogare del tutto? Neppure. Quindi, qual è il fatidico mostro ben peggiore di tutto questo? Se vuoi vincere… devi imparare a fallire.

"Ma come, fallire?" Sì!

Fallimento: una parola che fa rabbrividire solo a pensarla, lo so bene. Hai mai perso una vendita o visto sfumare un contratto con un importante cliente, accusandolo come un fallimento personale?

Nella nostra cultura il fallimento è un tabù: viene abbinato alla peggior sconfitta dell'imprenditore. Bancarotta, rovina, dissesto, tracollo, crack e insuccesso, sono solo alcuni dei sinonimi. Ma la cosa peggiore è che dello stesso ne abbiamo la medesima percezione. Si attribuisce all'identità della persona e non a un atteggiamento o a un comportamento, e questo è drammaticamente negativo. Un conto è dire: "L'azienda del Signor Rossi è fallita". Un altro: "Il Signor Rossi - È - fallito".

Già da piccoli venivamo terrorizzati e additati se quelle piccole azioni quotidiane non riuscivano perfette. I brutti voti a scuola, prendere una decisione diversa dagli "ordini" impartiti, non soddisfare in tutto e per tutto le volontà dei genitori o dei professori. Brutto voto uguale: "Non combinerai mai nulla nella vita!".

Non è stata forse una costante (a mio avviso molto vile) presente nei tuoi primi anni di vita che ricordi? Nella mia sì… E, se quel "mancato successo" a furia di essere ripetuto, piano piano comincia a corrispondere al tuo essere, arrivando a non dissociare le due cose, sei fritto, ti sentirai fallito.

Probabilmente questo è uno dei motivi, ossia la paura di fallire, per cui la maggior parte delle persone non sfrutta appieno tutto il proprio potenziale e addirittura si priva anche della libertà di vivere la vita che vorrebbe, non provandoci nemmeno. Immagina due bambini che diventano adolescenti e poi ragazzi, che provano e riprovano a cercare la propria strada, facendo i diversi tentativi.

Il primo, è sempre stato incitato dai familiari e dagli operatori scolastici. Gli hanno trasmesso frasi motivanti, dividendo il risultato delle azioni dalla sua personalità: "Ok, questa volta sei caduto, non importa, la prossima farai meglio. Questo è stato un tentativo, prendi solo il meglio e la lezione che ti ha trasmesso, ma ora prosegui…".

Al secondo, invece, sono state riservate frasi del tipo: "Sei un fallito, non realizzerai mai niente di buono. Avresti dovuto fare in questo modo, come ti avevamo detto, invece, no, hai voluto fare di testa tua… e questi sono i risultati!".

Chi dei due, secondo te, potrà realizzare una vita appagata e soddisfacente? Nonostante gli inciampi, gli errori e gli "sbagli" che chiunque fa nel corso dei suoi giorni, questi sono parte integrante della vita, non credi? La paura del fallimento porta a "giocare sul sicuro", a fare le cose per le quali ci si sente preparati e portati a priori, ma come si può vincere senza aver provato, imparato e sbagliato? È impossibile.

Emozionalmente è comprensibile, visto il gioco al massacro che la società ci riserva, ma è una follia dal punto di vista della crescita professionale, soprattutto personale. *"Dentro un ring o fuori, non c'è niente di male a cadere. È sbagliato rimanere a terra!"*. Cit. Muhammad Ali.

Le lezioni più importanti che ho imparato sulla mia stessa pelle sono state tre:

- è "ok" fallire, la prossima volta farò meglio.
- Io come persona non sono assolutamente un fallimento.
- Devo dividere il fallimento personale da quello dei processi sbagliati che ho usato.

Servono anni e anni per imparare a suonare correttamente uno strumento, e una vita intera (forse nemmeno basta) di perfezionamento tecnico per diventare maestri.

Che cosa si cela realmente dietro a tutte quelle persone che consideriamo semplicemente "dotate"? Nient'altro che 8-10 ore di allenamento al giorno, tutti i giorni, senza saltarne mai nemmeno uno. Altro che talento. Certo, scoprire, perseguire e coltivare quel qualcosa in cui ci riteniamo bravi e che ci piace in particolar modo, è un ottimo punto di partenza.

Ma il divario tra chi ce la fa e chi no è dato solo dalla preparazione, dalla tenacia e dal coraggio di far evolvere costantemente quel "dono". Quando si parla di vendita, il rifiuto dei clienti è un trauma che pochissime persone riescono a sopportare e superare. È in ognuno di noi la facoltà di scegliere, vedere il fallimento come una esperienza negativa, quindi una sconfitta o una perdita, oppure come uno step di crescita della tua carriera e per la tua persona.

Riconoscerlo come una potenziale esperienza positiva significa riappropriarsi della propria libertà, poter provare nuove cose, esprimere più creatività, sentirsi più sciolto e riuscire ad affrontare quelle attività che emotivamente fanno paura. Se non ottieni il risultato che desideri, chiediti cosa hai imparato da quell'esperienza.

Lo so, accettare questo concetto intellettualmente è un discorso, metabolizzarlo a livello emotivo e applicarlo è tutt'altro affare. Personalmente ho impiegato anni a farmene una ragione e ancora oggi confesso di essere un pessimo incassatore quando si parla di fallimento. Anzi no, mi confesso: a me il fallimento non piace per niente e devo fare affidamento sull'Antonio evoluto per accettarlo. È comprensibilmente umano.

Ho imparato, come prima cosa, a non mollare e a reagire poi, a usare quella sensazione per capire in cosa posso migliorarmi. Cerco di mettere a tacere la parte "sentimentale" uscita dilaniata e sofferente da un'esperienza non andata a buon fine, accettarla e proseguire nel mio cammino.

Per caso non "escono" anche a te quando qualcosa non va come speravi frasi del tipo: "ma che caxxo dovrei imparare? Sto da schifo e fine. Non sono stato capace, ecco la realtà dei fatti. I clienti non spendono e quelli che lo fanno non hanno avuto fiducia in me. Basta raccontarsele. Ho scaxxato. Questa è la verità!".

Sì, lo so che dire le parolacce non sarebbe il caso, ma se sei un venditore o un imprenditore che vive sulla strada, dimmi che quando avviene un rifiuto parli come se fossi appena uscito dalle Orsoline…essù! Ripetiamo insieme: separa la sconfitta personale da quella del processo e quando non chiudi una trattativa, non devi considerarti tu il fallito.

Nemmeno nel caso in cui stavi dietro a quel cliente da settimane o da mesi: c'è una grande e netta differenza tra te e il metodo di vendita che metti in atto. Non sei un perdente se da bambino non hai mai imparato a suonare quel piano che i tuoi genitori ti hanno regalato. Ugualmente, se provi a cucinare una torta e ti esce bruciacchiata o non è lievitata: hai sbagliato questa volta, ti basterà riprovare. Accade ai migliori cuochi del mondo e non può succedere a te che, magari, la prepari ogni tanto o da poco?

La stessa cosa accade quando parliamo di vendita e del tuo ruolo come venditore. Rileggi bene: assumi quella veste in quel determinato contesto e momento, non sei tu. Sono due facce opposte della stessa medaglia. Puoi non riuscire a fissare un appuntamento con un cliente, o a non chiudere una trattativa che reputavi importante: e allora? Te lo ripeto, il fallimento non ha nulla a che vedere con te come persona.

Riguarda le azioni che fai, come selezioni il target da contattare, come gestisci la telefonata o la trattativa: quindi tutte le attività. Da qualche parte qualcuna è sicuramente migliorabile. In Italia ci hanno imbambolato convincendoci che "venditori si nasce", "o ce l'hai o non ce l'hai" o peggio ancora "è una cosa innata". Sono semplicemente fandonie: devi "solo" fare esperienza sul campo, imparare dai tuoi errori e applicare un sistema che ti permetta di analizzare tutto quello che dici e che fai.

Prova a fare così. Invece di imprecare, o meglio fallo pure, ma poi dopo esserti calmato ripetiti: "Ok, non è la crisi, non è il cliente a non aver capito e io non sono un fallito. Ho solo sbagliato questo approccio perché magari oggi sono agitato, mi sono dimenticato un fattore importante, non ho considerato tutto al 100%. La prossima trattativa mi concentrerò e cercherò di non sbagliare nuovamente, o più adeguatamente, farò in modo di non commettere gli stessi errori. E se succederà ancora, mi perfezionerò ancora meglio".

Una volta che hai appreso la lezione del tentativo fallito, lavora per migliorarti nella volta successiva. Fino a quando avrai questo approccio, ti saprai correggere, errore dopo errore, e sarai in grado di alzare man mano l'asticella e saprai che sei sulla strada giusta per diventare un campione.

Ora, voglio elencarti le 7 cause principali del fallimento delle aziende. Sono i 7 modi per andare al 100% incontro al fallimento a braccia aperte. Quindi, ti caldeggio vivamente di non portarli nella tua azienda; avolte è utile anche sapere cosa non fare.

Se fino ad ora ti ho espresso la mia opinione che il fallimento non esiste, applicare spudoratamente queste 7 "cattive" abitudini, stai pur certo che, se non cambi immediatamente rotta, non ci sarà nulla che potrà aiutarti a non cadere nel burrone. Eccole.

1. La mancanza di visione.

2. Non sviluppare capacità di leadership.

3. Non possedere un posizionamento chiaro.

4. Scarsa capacità di vendita.

5. Non aver stabilito alcuna pianificazione finanziaria.

6. Non prevedere allineamento del team.

7. Non controllare le performance.

1. La mancanza di visione.

Se l'imprenditore non crea una *vision,* ossia un obiettivo di dove vuole arrivare, non riesce a vedere o ad osservare la strada da percorrere. Non avendo chiare le varie tappe intermedie sarà difficile sia comunicarle a se stesso che al team.

2. Non sviluppare capacità di leadership.

Non sapere guidare una squadra, né tanto meno se stesso è uno dei principali problemi in cui incappo maggiormente nelle aziende.

L'imprenditore deve saper dare un esempio congruo e concreto di come è necessario operare e trasmettere una guida carismatica al fine di trasferire la percezione di veridicità su ciò che deve essere eseguito, secondo il rispetto e le regole delle procedure.

L'atteggiamento dello stesso, sia in positivo che in negativo, sarà riflesso incondizionatamente in tutto il processo. I suoi valori, la sua onestà, la sua preparazione e le sue modalità decisionali in merito alle diverse e varie dinamiche aziendali: tutto, e ribadisco tutto, verrà trasmesso ai collaboratori in ogni settore.

Non è possibile scindere la figura del titolare dall'operatività. Quindi, è necessario che si adoperi a diventare un vero leader, un controllore, che assuma il comando con potere e autorevolezza, imparando a dirigere i subordinati.

A proposito di coerenza… *"La coerenza è comportarsi come si è, e non come si è deciso di essere"*. È la storica frase di Sandro Pertini, che accompagna l'opera di *street art* dipinta sulla facciata delle scuole Bombicci di Bologna dedicata a Irma detta Mimma Bandiera, partigiana bolognese e simbolo della resistenza femminile.

Tutti noi *coach,* o gli aspiranti tali, dovremmo tatuarcela. Senza arrivare a un estremismo così, basterebbe solo tenerla sempre in mente. Troppo spesso nel mondo della formazione, s'incontrano personaggi costruiti a immagine e somiglianza di qualcun'altro o istigatori alla trasformazione radicale del proprio essere.

È basilare, invece, continuare a coltivare quali sono le qualità e le caratteristiche che ci rendono unici e curare solo quegli elementi che ci fanno essere nella "giusta misura", mentre si compiono le azioni giornaliere. Non vi è una definizione perfetta, ma ti basta seguire ciò che non ti farà mai sentire fuori posto, inadeguato o spaesato.

Adottare stili di vita di qualcun altro, i suoi metodi, le sue strategie, ti porta su strade che si riescono a percorrere solo in presenza di cartelli stradali, di indicazioni su come si deve agire, finiti i quali, non sapresti più da che parte andare, o ancora peggio, non riusciresti più a riconoscere la tua direzione.

Mantenere la propria identità ti permette di essere un grande esempio, sia per il tuo operato, ma anche e soprattutto per chi sceglie di averti come guida nella sua vita. La corrispondenza tra il chi sei e il cosa fai porta a un'inevitabile processo di stima delle persone nei tuoi confronti.

Un *coach* è come una cartina stradale, aiuta chi ha bisogno a orientarsi in un groviglio di vie, parecchie delle quali ancora sconosciute. L'atteggiamento è qualcosa che si può costruire, ma nello stesso tempo non si può falsare e inquinare con misure che non appartengono alla persona stessa.

Col tempo, l'essere plastificati in un corpo e in una mente che non sono i nostri, porta a uno spaesamento visibile e percepibile anche a chi ci ascolta: qualcosa non torna nel modo in cui parli, ti esprimi, ti muovi, pensi. L'incoerenza nasce dal contrasto del tuo vero "Io" che farà cadere, prima o poi, inevitabilmente la maschera al personaggio che ti sei costruito.

Per questo, anche con difetti e imperfezioni, è sempre meglio essere se stessi: questo offre la garanzia di un risultato che dipende solo dal vero noi e da ciò che sappiamo fare bene. Il compito del *coach* è proprio guidarti sulla sovrapposizione del tuo "Io" e i comportamenti che adotti, in modo da presentarti al mondo con la miglior congruenza possibile.

3.   Non possedere un posizionamento chiaro.

Offrire di tutto un po', è la strategia più errata che possa esistere. Vendere, ad esempio, dai software all'hardware multimarche, nuovo e usato, senza aver fatto una selezione, mettere la pizza e il gelato nello stesso negozio è uno dei drammi in cui sono incappato tantissime volte. Spesso, si ha la convinzione che: "a più target mi rivolgo, più vendite otterrò". Sbagliatissimo.

L'imprenditore che non ha le idee chiare e non riesce a trasmettere al proprio team una diversificazione e specializzazione sul mercato, ossia l'unicità dei prodotti che produce, che commercializza o dei servizi che offre è, passami il termine, la vera e propria condanna a morte per ogni impresa. È necessario identificare una nicchia ben specifica e andare a soddisfare solo quella, nel migliore dei modi.

4.   Scarsa capacità di vendita.

Significa non avere la minima idea di cosa voglia dire "saper vendere" e in che modo, non aver identificato il processo che ci sta dietro e la totale incoscienza di come e perché un cliente compra presso l'azienda, non aver la padronanza di quale problema risolvi o il bisogno soddisfi, non fidelizzare i clienti e non fare *up sell* per vendite ricorrenti.

5.   Non aver stabilito alcuna pianificazione finanziaria.

È l'imprenditore che follemente non ha creato alcuna previsione a medio e lungo termine della finanza aziendale. Si limita soltanto a incassare quando capita e a pagare a caso o a intuito. Non ha la minima idea e controllo del proprio *cash flow,* ossia flusso di cassa, vitale per ogni realtà imprenditoriale.

6.   Non prevedere un allineamento del team.

Sono quei titolari che non hanno nessuna *skill* sulla gestione delle risorse umane, non conoscono le dinamiche di guida sociali e di gruppo, non sanno in alcun modo condurre e coordinare, né evitare i conflitti nel team o che addirittura, al contrario, si concede ad atteggiamenti similari, con toni da censura riferiti alla costante critica sulla persona e non sull'operato, senza trovare né soluzioni, né un compromesso tra le diverse parti. Anzi, a volte ho assistito anche a incendi innescati dallo stesso, al fine di mettere gli uni contro gli altri. Immaginati tu stesso il risultato.

7.   Non controllare le performance.

Chiunque non sappia gestire i numeri e naviga solo a vista che non ha mai formulato un budget di spesa, né conosce uno storico è destinato a fare le cose "a braccio". Come si fa a gestire un'azienda se non sei consapevole dei costi e dei ricavi? Controllare costantemente tutti i numeri aziendali è l'unico metodo per calibrare di volta in volta tutto quello che succede. Diventare un esperto, in tal senso, è un'altra tua priorità, altrimenti rischi di girovagare a caso, senza sapere dove stai andando.

Capitolo 7:

Le caratteristiche di un leader di successo

In questo capitolo ho fatto una lista delle caratteristiche che deve avere un leader, sia di te stesso che degli altri. È pertanto, importante da parte tua, coltivarle nel tempo, fino a raggiungerle tutte. La parola "leader" arriva dalla parola in inglese *"to lead"*, ossia guidare.

Il leader è colui, quindi, che assume il ruolo di guida, che fa strada agli altri elementi del gruppo. Influenza, instrada, inspira ed incita. Ma la prima persona che devi sapere condurre e pilotare, è proprio te stesso. Il leader è considerato, ancora oggi, spesso, solo il capo politico o uomini che hanno collezionato imprese straordinarie, generali o capitani d'industria, dall'enormi responsabilità su centinaia o migliaia di altre persone, quando in realtà ti "basterebbe" diventarlo nel tuo ecosistema.

Cosa fa sì che alcune persone riescano a ottenere risultati al di fuori dalla norma, sviluppando al massimo il loro potenziale e talento, utilizzando le sole risorse che hanno a diposizione? Diventando leader, appunto. Non è genetica, né ci nasci: lo hanno potenziato attraverso la scoperta, il miglioramento e la formazione giornaliera di requisiti fondamentali, che hanno permesso loro di crescere, di evolvere e soprattutto eccellere.

Ecco come si comporta un leader. Ho inserito un elenco davvero esaustivo: ci ho tenuto particolarmente a scrivere tutte le caratteristiche, anche per me stesso, per "ricordarmene" quando magari mi capita una giornata "no" o non tutto fila come avrei voluto. Vediamole assieme.

- Ha preso il pieno controllo della propria vita.
- È in primis uscito dalle gabbie imposte e costruitegli attorno dalla società.
- Crea risultati concreti e reali con l'esperienza: la teoria è solo un mezzo per ottenerli.
- Ispira gli altri.
- È integro.
- Quello che dice, fa.

- Si comporta e si confronta nello stesso modo, sia con gli operai che con il dirigente, con la moglie, con i clienti o i fornitori.
- È al centro di ogni decisione.
- Sa che non ci sono scorciatoie.
- Sa che cosa vuole e si batte per ottenerlo o rinunciare a quello che non serve.
- Non ha paura della critica: sa che cos'è e l'affronta come parte integrante del successo, non ne ha paura.
- Interpreta i bisogni, i desideri e le aspirazioni degli altri.
- Sa dirigere un team nella direzione che lui considera giusta.
- Va contro le regole codificate e imposte per fare qualcosa di nuovo e diverso.
- Non vuole essere comandato.
- Non ambisce a comandare, ma ispirare.
- È esigente: vuole il massimo per se stesso e per gli altri, ma trasferendo autorevolezza, non autorità.
- Ispira fiducia, grazie ai suoi comportamenti.
- Segue con coraggio il proprio dialogo interiore, anche se è scomodo.
- Fa le cose che ritiene giuste, anche se non sono condivise.

- Non rimanda. Non scansa e non evita anche ciò che non gli piace dover fare.
- Sa che l'inerzia, la paura e la pigrizia sono le peggiori nemiche.
- Ha l'atteggiamento propositivo verso le soluzioni e non verso i problemi.
- Alza gli standard costantemente, senza considerarli come uno stress, ma come entusiasmanti sfide.
- Si pone obiettivi, li raggiunge e ne crea altri, con impegno, determinazione e perseveranza.
- Non si fa intimorire dagli insuccessi.
- Considera il fallimento come un insegnamento delle azioni fatte, non della sua persona, che non viene lesa, anzi ne esce più forte di prima.
- Sa che per crescere deve uscire dalla sua zona di comfort, ossia quello spazio dove è già in grado di fare determinate azioni.
- Sa che i soldi e la ricchezza materiale sono un mezzo.
- Riesce a tirar fuori il meglio dalle persone.
- È principalmente un leader e un numero uno per se stesso, poi per gli altri.

- Ha trovato il proprio cammino e la sua missione, e la persegue senza se e senza ma, nonostante le difficoltà e le tempeste.
- Sfrutta al massimo le sue potenzialità e le risorse che ha a disposizione, cercando di trovarne e coltivarne costantemente di nuove.
- Accetta i propri difetti, è compassionevole con se stesso, ma mette in evidenza agli occhi degli altri i propri pregi e punti di forza: ne fa i pilastri della sua vita.
- Trasmette passione.
- Sa ripartire e incassare, non demorde dopo ogni sconfitta.
- È creativo.
- È flessibile: sa cambiare a seconda delle situazioni che si presentano.
- Ha scoperto il proprio dono, talento e fa di tutto per esprimerlo.
- Genera consenso nelle persone attorno a lui con i suoi atteggiamenti.
- Intercetta il futuro che sta per arrivare, anticipa le mode e le tendenze.
- Il cambiamento non gli fa paura, o meglio, lo sa gestire.
- Non resta aggrappato e attaccato a niente.

- Espande continuamente la sua mente: cresce ininterrottamente.
- Del passato, di quello che è stato, dell'esperienza che ha fatto tiene solo ciò che gli serve: il resto è pronto a disfarsene.
- Paga il conto degli "errori", ma poi va oltre, va avanti.
- È una persona di riferimento ed è carica di emotività.
- Sa trasmettere ottimismo, i suoi valori, anche non collettivi, ma per lui giusti.
- Ci crede e ama quello che fa.
- È serio e s'impegna, ma non fa mancare l'aspetto ludico e scherzoso.
- Di solito non ha una vita semplice, anzi, ha lottato per conquistare ogni aspetto.
- Guarda a i risultati altrui come l'insieme di un processo di molte azioni e non un evento dato dalla fortuna e dal caso.
- Sa che deve fare rinunce, fatiche, sforzi e superare ansie e paure, nonché sconforti.
- Trasforma le crisi in opportunità e insegnamenti.
- Sa che un giorno, grazie alla costanza, tutto verrà ripagato.
- Lavora ininterrottamente a un progetto.
- Ha fiducia di se stesso.

- Non molla mai per realizzare quello che vuole.
- Influenza se stesso in modo positivo.
- Fa le cose che gli altri non sono disposti a fare.
- È un riferimento, un aiuto, qualcuno a cui chiedere dei consigli.
- È maestro in quello che fa.
- È magnetico e carismatico.
- Trasmette agli altri attraverso le sue opere il suo vero "Io".
- Non fa quello che gli altri gli dicono di fare, perché lo reputa banale.
- Non sente il bisogno di ostentare quello che ha e quello che sa fare.
- Fa, non dice.
- È un esempio di congruenza tra azioni e parole.
- Lo è dentro, non deve dimostrare.
- Per primo fa.
- Non cerca consenso.
- Sa la sua forza e aiuta gli altri a diventare altrettanto preparato.
- È sicuro di sé e delle sue scelte.

- Ha la passione di fare quel ulteriore passo in più che gli altri gli hanno detto che già avrebbe fatto.
- Fa vivere l'esperienza a chi lo circonda.
- Non tiene nulla per sé.
- È credibile in quello che fa: dice di fare una cosa e il risultato lo certifica.
- Sa rischiare.
- Esce dagli schemi, anche sbagliando.
- È ottimista in modo sano, da cui attinge energia per superare gli ostacoli.
- È esigente e severo.
- Sa dire di "no".
- È pronto a perdere tutto.
- Ha rispetto degli altri, anche degli avversari.
- Sa ascoltare, osservare e imparare dagli altri. Per altri s'intende tutti.
- Adotta il pensiero laterale come normalità.
- È pronto al cambiamento.
- Sa organizzare.
- Gestisce i sottoposti, li motiva non con il controllo.
- Produce idee continuamente.

- Sa quando gratificare.

- Sa assumersi le responsabilità.

- Si muove in autonomia e non aspetta nessuno.

- Apprezza le piccole, grandi cose.

- Non si accontenta, mai.

- Sa che deve costruire quello che vuole.

- Sa gestire le sue emozioni, restando lucido, presente e centrato, anche se attorno a sé tutto gli rema contro.

- I periodi neri, cupi, che sembrano senza uscita li usa come allenamento per le prossime vittorie, come una preparazione.

- Sa che potrà perdere mille volte, ma nutre la speranza di fare meglio, alzando gli standard delle proprie azioni e impegnandosi di più.

- È etico e morale.

- Trova nel caos l'ordine.

- È stimolato a imparare costantemente: progetta, pianifica, inventa.

- È consapevole.

- Fa le cose non per avere consenso.

- Non si fa condizionare.

- Ha coraggio.

- È un esempio.

- Le difficoltà e i difetti li sviluppa come capacità.

- Prende decisioni velocemente e le cambia lentamente.

- Se si accorge che una decisione è sbagliata la cambia, ma la persegue anche quando si fa dura.

- Sceglie non perché è più facile, ma perché è migliore.

- Persegue la perfezione.

- Ha ideali forti.

- Non prova invidia.

- Non vuole cambiare gli altri, ma fa coltivare loro i propri talenti e caratteristiche.

- Fa le cose anche quelle che non gli piace fare, per raggiungere i suoi obiettivi.

- Non s'impone sugli altri.

- È umile, ma è consapevole del proprio valore, sapendo che dentro sé c'è un potenziale da scoprire e sente il diritto e il dovere di sviluppare e sfruttare al massimo.

- Sa cosa è importante per sé.

- Non si lamenta.

- Non giudica.

- È trasparente.

- Si prende tutte le responsabilità del suo operato e delle sue scelte.
- È onesto, sincero e solidale.
- Ha una faccia sola.
- Ascolta tutti, ma decide da solo.
- Non ha dubbi.
- È libero.
- Non dipende da nessuno.
- Sa che non c'è certezza in nulla.
- Inizia a fare anche se non è tutto perfetto per partire.
- Sa che ogni persona è unica e può dare il proprio contributo.
- Segue i suoi valori e va in direzione di ciò che ritiene giusto.
- Non fa ciò che conviene, ma ciò che è giusto.
- Va controcorrente.
- Prende scelte anche non facili e non convenienti per lui, ma allineate ai suoi valori.
- Vive nel qui e ora.
- Agisce e mette da parte la paura, tirando fuori il coraggio.
- Lavora duramente.
- Rischia, pensa a come non pensano gli altri.

- Vede, ha visione e la trasforma in realtà con il proprio genio creativo.
- Ha elasticità mentale, fantasia e immaginazione.
- Ha volontà di scoprire il nuovo e produrlo.
- Risolve i problemi.
- Sa che nulla dipende dal caso, dalla politica e dagli altri: è tutto nelle sue mani.
- Si mette alla prova con coraggio.
- Non vuole rimanere mediocre.
- Perdona.
- Lascia andare il passato e vive il presente per un futuro migliore.
- Scegli ogni giorno.
- Non tradisce mai se stesso.
- Si batte per ottenere quello che desidera.
- Programma, progetta, usa la massima focalizzazione e disciplina.
- È padrone della sua vita.
- Convive anche con l'insicurezza.
- Ha sane abitudini.
- Rimane flessibile e cresce costantemente.

- Sa che le sconfitte fanno parte del successo.
- Ha relazioni di qualità.
- Si contorna di persone giuste.
- Sa che c'è un prezzo da pagare ed è pronto a pagarlo.
- Segue maestri e non smette d'imparare.
- Mette a disposizione degli altri quello che ha imparato.
- Vede quello che gli altri non vedono.
- Segue il cuore e l'intuito.
- Ha senso di giustizia profondo.
- Resta se stesso.
- Non scimmiotta nessuno.
- Accetta le sfide e le vive come qualcosa di entusiasmante.
- È libero da condizionamenti.
- Dosa cuore, testa e passione.
- Riparte tutti i giorni con senso di responsabilità e sacrificio.
- Non si crea aspettative.
- Si ama e si accetta anche con i suoi difetti.
- Ha compassione di sé.
- Possiede l'arte di vedere quello che è invisibile.
- Sprigiona il potenziale di chi lo circonda.
- È forte, gentile, temerario, riflessivo e fiero.

- Non è brutale, debole, prepotente, pigro, timido, arrogante.
- È folle in modo sano.
- Semplifica.
- Sa gestire il denaro e non si fa gestire.
- Sa delegare e affidarsi: per lui è importante la squadra, non "Io".

Spesso alla parola "leader" si associa un termine negativo perché qualcuno ha abusato del proprio potere o è arrivato al successo in maniera non propriamente etica, tuttavia, coltivando tutte o molte delle caratteristiche di cui prima, puoi ottenere quello che vuoi realizzare, fare quello che desideri, vivere come davvero ambisci e ti fa stare bene, sia per te stesso che per gli altri.

Provare quella sensazione di pienezza e appagamento è un obiettivo da leader.

In pratica: *"Se le vostre azioni ispirano gli altri a sognare di più, imparare di più, fare di più e trasformare di più, voi siete un leader"*. Cit. John Quincy Adams

Case History di Successo

In questo capitolo ho riportato alcuni casi studio come analisi dimostrativa di come ho applicato tutto il processo riportato nel corso di questo libro. Sono quattro clienti, ognuno con i propri obiettivi, punto di partenza e strategie applicate. L'attività di *Business Coach* prevede, dapprima, la diagnosi, ossia la fotografia di quello che è lo stato in quel preciso momento.

Poi, insieme si valutano gli obiettivi in base alle risorse presenti o reperibili in futuro (competenze, strumenti materiali, persone e/o collaboratori), per poi definire il piano d'attacco, cioè le strategie da applicare nei tempi prestabiliti.

Disclaimer: nel *coaching,* le aziende tendono a voler rimanere nell'anonimato, addirittura ti fanno firmare contratti di riservatezza e per questo motivo i nomi li ho dovuti omettere, in merito alla normativa sulla privacy.

Eccoli qui di seguito.

Azienda Numero 1: lavorazione di materie prime per l'edilizia - Milano Malpensa.

Dopo la diagnosi aziendale e aver definito gli obiettivi, il mio lavoro è stato improntato, dapprima, sull'allineamento dei livelli logici di pensiero, tra le tre titolari, dapprima e poi alla realtà aziendale. È stato un processo articolato, ma che ha portato a risultati straordinari in pochissimi mesi, anche grazie alla propensione delle proprietarie di affidarsi, quasi completamente, alle strategie da me proposte.

In quest'azienda, c'è stato un allineamento considerevole di tutti gli elementi dei livelli logici. Il più evidente è stato proprio quello che sta alla base, che ha comunque, a cascata, portato al miglioramento anche di tutti gli altri: l'ambiente lavorativo.

Intanto abbiamo attribuito agli spazi, suddividendoli, quelli per il personale incaricato alla produzione rispetto a quello direzionale, amministrativo e commerciale: sono stati materialmente separati anche su due piani differenti, in modo da far percepire anche ai lavoratori la netta distinzione, cosa che prima era un po' confusionale.

Al piano inferiore la produzione, a quello superiore la dirigenza. Inoltre, quello al primo, abbiamo apportato una modifica ancora più significativa: creare un *open space*. Questa decisione è stata in parte, la chiave di volta: le pareti che delimitavano i reparti erano visti e considerati come anche veri e propri "muri" tra le persone.

Ognuno lavorava "per sé", senza sentirsi in una squadra. L'abbattimento di questi ha rappresentato l'unione, l'apertura e la collaborazione tra tutti i "giocatori", comprese tra le tre titolari. Il cambio d'identificazione del luogo funzionale per il livello è stato propedeutico per l'azienda, nel suo completo.

Difatti, hanno stabilito poi, degli orari comuni, delle regole per le riunioni, senza più dispersioni, sinergie e comunicazione tra le parti. Invece, nel reparto produttivo, al piano inferiore, c'è stata una pulizia e riordino delle zone, il che ha creato anche molta più velocità nel carico e scarico delle merci.

Questa separazione ha contribuito al miglioramento anche in quell'area tra il settore operativo e quello decisionale, senza più conflitti. Una volta sistemato l'ambiente, al livello superiore, il comportamento tra le persone ne ha giovato moltissimo: maggiore ascolto, comunicazione, fiducia, organizzazione e gestione più efficace, creazione di leadership, senso di squadra e creazione di riunioni in un clima propositivo.

Salendo, le capacità si sono allineate di conseguenza: è subentrata quasi in "automatico" la volontà e la necessità di creare dei budget e degli indicatori numerici. Laddove prima non c'erano parametri di misura, ora è tutto schedulato, monitorato e programmato. Tutti i numeri sono sotto controllo: produzione, consegna, spese, entrate e uscite, la visione a medio e lungo termine dei flussi di cassa.

Ogni singolo reparto è stato responsabilizzato, gli è stato attribuito un proprio ruolo, facente comunque parte del team aziendale. Hanno cambiato anche il linguaggio e l'atteggiamento con i fornitori, ribaltando una situazione in cui erano gli stessi a fissare i prezzi, a "dettare" le condizioni.

Salendo alle credenze, convinzioni e valori, e infine, l'identità, le tre titolari si sono identificate come "imprenditrici leader": avendo ereditato dal padre l'azienda, non si erano mai sentite le reali titolari e modelli da farsi seguire dal personale. Dopo il nostro lavoro insieme si sono individuate completamente nel ruolo, e per di più, ben amalgamate senza più interferenze e scontri.

Azienda Numero2: lavorazione del ferro - Varese.

Questo è un estratto di un articolo di giornale pubblicato su un quotidiano della città, per il quale ho eliminato per privacy il nome:

"La Ditta XXX specializzata nella lavorazione del ferro per l'edilizia sceglie di affidarsi al Coaching Aziendale e in soli sei mesi registra +68% del fatturato, rispetto al primo semestre dello stesso anno. Ditta prettamente familiare, fondata negli anni 30, nell'Aprile del 1998 il testimone passa ai figli, a cui il titolare ha trasmesso solidi valori personali e tutti i segreti del mestiere.

Si fanno spazio negli anni nel mercato dell'acciaio per l'edilizia e Giugno del 2018, dopo 10 anni, decidono di investire per l'azienda con un progetto di Coaching Aziendale. Nel progetto sono coinvolti tutti i reparti: procedure e produzione vengono messe a punto, il commerciale viene sostenuto con nuove idee per il marketing e l'amministrazione viene supportata e guidata, facendo sì che il miglioramento della comunicazione, sia interna che esterna, diventi il punto di forza.

L'amministratore delegato ha riferito: "Da Giugno la nostra realtà è cambiata perché abbiamo fatto l'investimento migliore: quello sulle persone. Consiglio a tutti di fare un percorso di Coaching.

Noi ne abbiamo avuto un evidente riscontro con l'aumento del fatturato del 68% e anche con il miglioramento della qualità dei rapporti personali interni all'azienda, grazie al nostro Business Coach Antonio D'Ambrosio abbiamo scoperto di avere risorse chiuse in un cassetto, con lui abbiamo trovato la chiave e le abbiamo messe a frutto".

Il responsabile commerciale afferma: "Amo il mio lavoro, nel tempo abbiamo affrontato le numerose sfide del mercato e oggi grazie al nostro Coach ho tirato fuori una parte di me che non conoscevo, sono più forte, credo di più in me stessa e nel mio potenziale".

Invece il responsabile della produzione: "La nostra azienda da giugno ha fatto un salto di qualità notevole. È stato un progetto in cui ho creduto molto da subito, a oggi non potrei più tornare indietro. Pensavo riguardasse solo l'area lavorativa invece il cambiamento ha fatto da specchio in tutte le aree della mia vita".

Azienda Numero3: costruzione e produzione di macchinari industriali - Milano.

Questo terzo caso è di una carpenteria metallica, anch'essa a conduzione famigliare, Certificata Iso. Anche per questa realtà, dopo la fotografia iniziale, abbiamo deciso di applicare l'allineamento dei livelli logici. Questa volta però partendo dalla "fine": dall'identità, valori e credenze del titolare.

Infatti, tutta l'azienda era lo specchio della sua personalità: era molto restio al cambiamento, gli provocava parecchio stress, ma poi si è reso conto che è stato un passo obbligato per migliorare le performance imprenditoriali, e di riflesso, in tutti i reparti. Le procedure, il linguaggio, le azioni erano in una sorta di tunnel senza uscita, con alcuna possibilità di uscire dagli schemi prefissati.

Quindi, i livelli sottostanti, ossia le capacità, i comportamenti e l'ambiente erano "figli" di mancanza di leadership, si correva sempre dietro alle urgenze, non c'erano degli iter da seguire. Lavorando sempre in stato di necessità, non vi era nemmeno il tempo di cercare altri clienti. Difatti, il principale introito derivava da un solo cliente, che come strategia, non è mai saggia da adottare.

Mi contattarono a seguito di una sopravvenienza passiva aziendale elevata: un insoluto cospicuo dovuto all'errore di affidare più del 40% delle proprie energie allo stesso compratore. A volte, sono necessari episodi così drastici per rendersi conto del quadro effettivo della situazione.

Grazie al lavoro fatto insieme, il titolare iniziò a identificarsi come imprenditore, ossia volto al controllo di tutto quello che succedeva in azienda, piuttosto che lavorare nel reparto produzione. Da lì, trovata la leadership necessaria, identificandosi come una guida per sé e per gli altri, passò al setaccio tutta la dirigenza e la piramide organizzativa.

Comprese che non vi era un distacco efficace tra le diverse figure e ruoli, anzi troppo spesso si confondevano con amicizia, rapporti confidenziali i quali superavano spesso il limite diplomatico e di autorevolezza. Questa suddivisione è necessaria in ogni realtà: la troppa elasticità e permissione tende a eliminare quella subalternità tra le gerarchie.

Dipendenti, caposquadra, direttori, manager e presidenti devono avere ben definiti i propri ruoli, decisivi e organizzativi. Quanto è stato disposto dall'alto della piramide non può essere ripreso e cambiato da chi è alla base: questo, invece, era uno schema diventato fin troppo frequente.

Difatti, ognuno faceva di testa propria, si accumulavano ore e ore per correggere le emergenze perché alla base non c'erano piani e disposizioni e ogni fine mese il titolare si trovava con decine e decine di straordinario da dover, ovviamente, pagare e corrispondere, a fronte di commesse commisurate su un numero decisamente inferiore.

Capito il problema, trovammo la soluzione: affidammo maggiore autorevolezza ai ruoli, li ridefinimmo senza se e senza ma agli occhi di tutti i componenti aziendali. Il risultato? Risparmiarono in un semestre ben 80.000 € di straordinari non più necessari e oltretutto, abbassarono il tempo di consegna delle commesse da 60 giorni al "Prime".

Quindi, le convinzioni e i valori cambiarono per chiunque. Ci furono anche delle decisioni drastiche da prendere. Chi non volle adattare il proprio atteggiamento alle nuove regole andò via. Ci fu una nuova selezione del personale. Le capacità di chi restò, di conseguenza, furono alimentate da comportamenti non più volti all'ostruzionismo e dal terrorismo, perché ebbero lo spazio di esprimersi al meglio, in virtù del fatto che non era più necessario né lavorare costantemente sotto stress né alla mercé di troppe direttive, a volte anche contrastanti tra loro.

Adottare e migliorare tutto il sistema delle risorse umane giovò all'azienda in toto. L'ambiente lavorativo, non come luogo fisico, diventò disteso, collaborativo e iniziò a rispecchiare la scala gerarchica.

Da qui, vi fu l'introduzione anche di un piano marketing, tra cui anche ridefinire le clausole contrattuali con il cliente principale, ma nel contempo, il reparto commerciale si concentrò anche sull'approvvigionamento di altre fonti di entrata.

Ci fu una vera a propria *task force* nella creazione di nuovi clienti, con strategie mirate e operazioni mai attuate prima, come anche quella del riposizionamento del brand aziendale, dei punti di forza e differenziazione sul mercato.

Azienda Numero 4: pulizie e ristrutturazioni - Milano.

Anche questa è una realtà generazionale, presente da oltre 30 anni. Rispetto alle altre, in cui la leva è stata quella di risolvere situazioni problematiche, in questa, abbiamo affrontato e approfondito aspetti sul marketing per migliorarne il posizionamento strategico aziendale.

Difatti, abbiamo scelto di "saltare" l'allineamento dei livelli logici, in quanto non c'erano grosse problematiche da risolvere, ma di passare direttamente al piano marketing, al fine dell'ottimizzazione patrimoniale. Abbiamo sviluppato, intanto, sin da subito, la suddivisione in due dell'azienda iniziale: prima tutte le attività facevano capo a una sola, invece oggi ne abbiamo creato un'altra per un solo ramo. Impresa di pulizia, manutenzioni, servizi ai condomini e aziende in una, ristrutturazioni nell'altra, come immobiliare.

Poi abbiamo gettato le basi per nuovi progetti al fine di diversificare gli introiti e in contemporanea applicare azioni di marketing, in quanto erano fondamentalmente fermi, sotto quest'aspetto. C'è stata una definizione più chiara delle aree: finanziaria, cantieristica, acquisizione di immobili nuovi e vecchi, piano marketing, costi e ricavi, etc.

Si sono differenziati sul mercato come brand e posizionamento, distinguendo anche la comunicazione e la creazione di nuovi *lead* a seconda dell'attività. Nel periodo di *lock down* di questo periodo (Marzo e Aprile 2020) hanno continuato a far evolvere il progetto e il piano di espansione.

Abbiamo comunque lavorato con determinazione e tenacia, per uscirne più preparati e forti di prima. Hanno iniziato anche a fare igienizzazioni e sanificazioni; laddove facevano le pulizie, si son proposti con un sano atteggiamento, cogliendo l'opportunità.

Si sono reinventati, seppur da un lato avvantaggiati dalla propria presenza presso i condomini, aziende e negozi, ma dall'altro grazie all'intraprendenza e una mentalità vincente, riuscendo ad aumentare considerevolmente il fatturato.

Una delle iniziative che hanno fatto è stata quella di mettere un volantino all'interno delle cassette postali, insieme a una mascherina, di tutti i condomini dove già andavano a prestar servizio. Grazie a questo, per la prima volta hanno avuto recensioni positive, complimenti e feedback.

E ancora, a fine mese usciranno con un magazine che provvederanno a mandare agli amministratori di condominio della loro zona, intercettati attraverso una lista specifica, per farsi conoscere e aumentare la propria autorevolezza.

Conclusione e Ringraziamenti

Il libro "tecnicamente" finisce qui, ma in realtà ci sono ancora tre step da compiere:

- ho una cortesia da chiederti;
- ho inserito dei ringraziamenti per me speciali ai quali tenevo particolarmente;
- ed infine, non di certo per importanza, troverai il Bonus Speciale che ho riservato per te.

Questo il piccolo ma fondamentale favore personale. Ti chiedo, infatti, di scrivere una recensione su Amazon, rispetto a quello che pensi di questo manuale, ciò che ti è stato utile grazie alle informazioni che hai trovato qui scritte.

Ti ringrazio in anticipo se vorrai prenderti qualche minuto per darmi un tuo *feedback:* è questione di pochi click da parte tua, di un semplice impegno, ma dall'enorme valore per me. Infatti, questo mi permetterà di proseguire nel mio lavoro con dedizione e riconoscenza. Ora, i miei ringraziamenti.

Il mio primo e sentito grazie è per mio figlio, **Manuel**, per avermi donato incondizionatamente tutta la gioia che ho oggi nella mia vita, per avermi sia supportato nel mio percorso che sopportato. Insieme abbiamo visto il buio e la luce: è stato lui a donarmi la forza ad affrontare i miei infiniti viaggi. Abbiamo compiuto insieme questo sacrificio, ma è grazie a Manuel che sono diventato il padre che ho sempre sognato di essere.

A mio padre **Claudio**, per il suo esempio di grande uomo, per avermi trasmesso i più alti valori essenziali della vita e del business. La sua forza, determinazione e animo sono sempre stati il mio modello.

Ai miei **amici e amiche**, alcuni diventati indispensabili, che posso definire "veri", davvero speciali, per avermi ascoltato e offerto un concreto sostegno nelle scelte più importanti della mia vita.

Alla mia splendida **famiglia**, il pilastro fondamentale nel mio viaggio, per il supporto e tutto l'amore che mi ha trasmesso nei momenti di sconforto, nonché la felicità e la gioia per la gratitudine dei miei successi, tema di vitale importanza per ritrovare sempre il mio equilibrio e l'impeto che sono riuscito ad avere nel corso degli anni.

A **Stefano Bonacini**, per la sua infinita fiducia, per essere un uomo di grande ispirazione per me, e per avermi donato il suo coraggio e contributo alla mia crescita come imprenditore.

A **Mariano Prencipe**, a **Gianluca Pescolla**, a **Vincenzo Giammarino**, i miei veri e propri angeli custodi e protettori delle mie aziende. Non solo rappresentano i migliori professionisti in assoluto, ma anche persone eccezionali che sono sempre andate e hanno visto oltre il proprio lavoro, con etica e concrete capacità. Diventati per me amici che mi hanno spinto realmente nelle mie salite più ripide.

A **Raffaella Iannaccone**, per la sua esemplare preparazione e infinita energia, che mi ha illuminato e guidato durante tutta la stesura e scrittura di questo mio primo libro.

A **me stesso**, al mio coraggio per aver perseguito sempre il mio percorso e il mio viaggio, per essermi concesso costantemente la possibilità di disegnare la magia della vita che ho sempre desiderato e che, oggi, tanto amo. Soprattutto per essere riuscito a diventare l'uomo che sono. Ora, arriviamo a noi due.

Infine per ultimo, ma non per importanza, il reale ringraziamento, va **a te** che hai comprato questo libro, che mi hai donato oltre che il tuo tempo, la tua fiducia nell'investire le tue risorse in queste pagine. Mi auguro di vero cuore che ti possano servire e che ti diano ottimi spunti.

Anzi…fammelo sapere! :) Ci tengo veramente.

Ed ora ecco il *Bonus Speciale che ho riservato per te*.

Bonus Speciale per Te

Il cambiamento fa parte integrante della vista stessa, l'elasticità e la flessibilità devono rientrare nella natura dell'evoluzione. E tra queste, c'è anche quella di mercato: è solo controproducente non consapevolizzare questo concetto, né si può perdere il senso della praticità. Spesso vediamo persone che pur di non vivere una trasformazione restano in una situazione che sanno essere sbagliata, a costo di non affrontarla e vivere il "mettersi in gioco".

Una figura esterna, un *Business Coach,* è necessaria sia per vedere cose che dall'interno è difficile individuare, che per aiutarti a prendere quelle decisioni, fondamentali per seguire le ciclicità del mercato. I miei clienti mi descrivono la realtà di come la percepiscono ed è per loro veritiera: il più delle volte non combacia e vi è una disconnessione tra ciò che è oggettivo e ciò che è soggettivo.

Dopo una verifica della percezione reale con quella immaginata è mio compito "sovrapporre" i due mondi per capire dove e come intervenire, per poi interfacciarci e cercare di capire le aree di miglioramento, le strategie per arrivare a formare un vestito su misura sul cliente.

La creazione di tutto ciò avviene dai sei mesi ai due anni: integrare e migliorare tutti i livelli è un lavoro, non tanto complesso nel definirlo, ma nell'attuarlo. Si vanno ad affrontare veri e propri cambiamenti, e per questi ci vuole talvolta del tempo e una nuova mentalità da farli diventare abitudine.

È necessario trovare senso di responsabilità verso la crisi, il cliente che non compra, capire i prezzi, i margini, i tempi di consegna, come vengono trovati nuovi clienti e "coccolati" quelli già acquisiti. La mia è un'attività che richiede un determinato investimento, oltre che economico (ma che non deve essere considerato un costo, in quanto c'è anche la possibilità di detrarlo, ma un investimento) ma anche come risorse di tempo ed energie.

"Basta un cambiamento di un solo grado per cambiare tutto." Una sola decisione esatta, una sola appena, ti può bastare per pagare un anno, due o tre anni di *coaching:* trovare le soluzioni e i piani d'azione per trasformare gli obiettivi in risultati non è un "sogno" ma una realtà alla portata di chiunque. "Basta" solo volerlo. Il metodo che applichiamo si basa sulla scoperta, cioè una modalità proattiva nella gestione delle sfide e delle opportunità, una formulazione costruttiva di *feedback* finalizzati a ottenere risultati.

Nello specifico nei progetti di *coaching* si lavora armonicamente sul sistema, accompagnando il team a un miglioramento complessivo andando a "intaccare" tutti i livelli di chiunque ne faccia parte: ambiente, comportamenti, capacità, convinzioni e valori, identità e spirito.

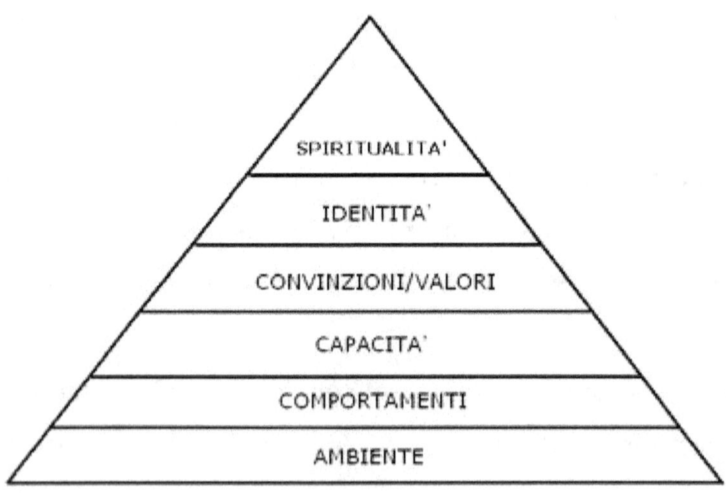

Elaboriamo procedure, sistemi di comunicazione efficaci affiancando con la formazione il personale e/o i singoli in modo trasversale. Agiamo sulle necessità specifiche per migliorare la performance, diminuendo lo sforzo di gestione. A proposito di missione, la nostra è quella di offrire formazione, *coaching* e consulenza ai massimi livelli di qualità, per aziende grandi, ma anche realtà piccole e medie. Da oltre vent'anni la perseguiamo anche a livello internazionale.

Ma ora arrivo al Bonus riservato per te.

Per te che hai letto il mio libro, voglio darti un'ora del mio tempo per aiutarti a capire come far fare il salto di qualità alla tua azienda. Come fare per ottenere questa consulenza? Molto semplice: mandarmi un'e-mail all'indirizzo:

assistenza@succedeancheaimigliori.it

e fisseremo un appuntamento telefonico.

Attraverso la call conoscitiva potrò aiutarti a capire:

- il percorso formativo più adatto alle tue necessità;
- il tuo stato attuale e definire gli obiettivi;
- il percorso più efficace, attraverso tappe gestibili;
- i punti di forza e di debolezza;
- che sfide vorrai affrontare e le relative risorse a disposizione e che dovrai reperire.

Dopo aver fatto la prima intervista conoscitiva, se ti sarò piaciuto, sarà necessaria una diagnosi più approfondita in azienda, anch'essa gratuita in cui si valuteranno diversi fattori, tra quelli descritti a seguire, allo scopo di produrre il miglior percorso, cucito su di te e sulla tua azienda. Tra l'altro potremo capire insieme:

- lo scopo (la ragione per la quale esiste l'azienda) e la visione (la posizione che l'azienda vuole raggiungere) nonché i modi di misurare i progressi verso la visione;
- il target;
- le priorità strategiche e operative: cosa fare e in che ordine;
- i valori, i principi che guideranno ogni decisione e azione;

- i comportamenti dei leader: cosa dovranno fare quotidianamente le persone nel team;
- allinearsi alla visione e definire i livelli di processo necessari per renderla reale;
- creare e mantenere stati interni necessari e allineati alla visione, missione e valori;
- avere e rafforzare le convinzioni necessarie;
- sviluppare consapevolezza delle proprie capacità comunicative e di leadership utilizzandole in modo flessibile;
- riconoscere e utilizzare le diversità nel team;
- individuare strategie efficaci per superare le resistenze;
- assicurarsi la congruenza fra messaggio inviato e messaggio ricevuto;
- definire lo stato attuale e lo stato desiderato rispetto alla visione, missione e valori;
- saper valutare i diversi livelli di cambiamento;
- capire l'influenza del contesto sulla percezione individuale della realtà, dei valori e delle convinzioni nei comportamenti delle persone;
- aiutare tutti alla crescita personale e professionale al fine di raggiungere risultati sempre più ambiziosi;

- diventare più efficaci nel modo di lavorare, più assertivi in quello di pensare e di agire, nonché più "leader" nel modo di essere e di comportarsi e più efficienti nel raggiungimento dei risultati.

Quindi, se vuoi approfondire tutti questi temi, inviami subito una e-mail a:

assistenza@succedeancheaimigliori.it

Sarò lieto di fornirti il mio migliore aiuto e consulenza.

A presto, ti aspetto.

Antonio D'Ambrosio

"Immagina di essere un giocoliere che fa girare i piatti.

Per tenere uno spettacolo di successo,

non puoi far girare un piatto alla volta.

Devi far ruotare più piatti contemporaneamente.

La stessa cosa accade nella vita.

Se vuoi avere successo non puoi concentrarti su una cosa sola.

Devi impararne tante e diverse e portarle avanti tutte insieme,

anche se ciò vuol dire correre dei rischi.

Nell'ambito del denaro questo significa

creare e gestire diverse fonti di reddito.

Ricordati che le persone di successo corrono rischi,

non cercano garanzie."

Cit. Alfio Bardolla e Robert Allen.

"La nostra più grande paura non è quella di essere inadeguati,

la nostra più grande paura è quella di essere

potenti al di là di ogni misura,

è la nostra luce non la nostra oscurità che più ci spaventa.

Agire da piccolo uomo non aiuta il mondo,

non c'è nulla di illuminante nel rinchiudersi

in se stessi così che le persone intorno a noi si sentiranno insicure

Siamo nati per rendere manifesta la gloria che c'è dentro di noi,

non è solo in alcuni di noi è in tutti noi,

se noi lasciamo la nostra luce splendere inconsciamente

diamo alle altre persone il permesso di fare lo stesso:

appena ci liberiamo dalla nostra paura,

la nostra presenza automaticamente libera gli altri".

Dal film "Coach Carter".

www.ingramcontent.com/pod-product-compliance
Lightning Source LLC
LaVergne TN
LVHW020321200726
843507LV00012B/2190